了解
A Concise Guide to
Macroeconomics

總體經濟
的第一本書

想要看懂**全球經濟變化**，你必須懂這些

大衛・莫斯（David A. Moss）——著　　高翠霜——譯

A CONCISE GUIDE TO MACROECONOMICS: What Managers, Executives, and Students Need to Know
by David A. Moss

Original work copyright © 2007 David A. Moss

Complex Chinese translation copyright © 2011 by EcoTrend Publications, a division of Cité Publishing Ltd.

Published by arrangement with Harvard Business Review Press through Bardon-Chinese Media Agency.

經濟趨勢 68

了解總體經濟的第一本書
想要看懂全球經濟變化，你必須懂這些（經典紀念版）

（原書名：哈佛商學院最受歡迎的7堂總體經濟課）

作　　　者	大衛・莫斯（David A. Moss）
譯　　　者	高翠霜
責 任 編 輯	林博華
行 銷 業 務	劉順眾、顏宏紋、李君宜
發　行　人	涂玉雲
總　編　輯	林博華
出　　　版	經濟新潮社
	104台北市民生東路二段141號5樓
	電話：(02) 2500-7696　傳真：(02) 2500-1955
	經濟新潮社部落格：http://ecocite.pixnet.net
發　　　行	英屬蓋曼群島商家庭傳媒股份有限公司城邦分公司
	台北市中山區民生東路二段141號11樓
	客服服務專線：02-25007718；25007719
	24小時傳真專線：02-25001990；25001991
	服務時間：週一至週五上午09:30-12:00；下午13:30-17:00
	劃撥帳號：19863813；戶名：書虫股份有限公司
	讀者服務信箱：service@readingclub.com.tw
香港發行所	城邦(香港)出版集團有限公司
	香港灣仔駱克道193號東超商業中心1樓
	電話：852-2508 6231　傳真：852-2578 9337
	E-mail: hkcite@biznetvigator.com
馬新發行所	城邦(馬新)出版集團Cite(M) Sdn. Bhd. (458372 U)
	41, Jalan Radin Anum, Bandar Baru Sri Petaling,
	57000 Kuala Lumpur, Malaysia.
	電話：(603) 90563833　傳真：(603) 90576622
	E-mail: services@cite.my
印　　　刷	漾格科技股份有限公司
初 版 一 刷	2011年9月6日
三 版 一 刷	2023年5月30日

城邦讀書花園
www.cite.com.tw

ISBN：978-626-7195-31-4、978-626-7195-33-8 (EPUB)　　版權所有・翻印必究

定價：360元

〈出版緣起〉
我們在商業性、全球化的世界中生活

經濟新潮社編輯部

跨入二十一世紀，放眼這個世界，不能不感到這是「全球化」及「商業力量無遠弗屆」的時代。隨著資訊科技的進步、網路的普及，我們可以輕鬆地和認識或不認識的朋友交流；同時，企業巨人在我們日常生活中所扮演的角色，也是日益重要，甚至不可或缺。

在這樣的背景下，我們可以說，無論是企業或個人，都面臨了巨大的挑戰與無限的機會。

本著「以人為本位，在商業性、全球化的世界中生活」為宗旨，我們成立了「經濟新潮社」，以探索未來的經營管理、經濟趨勢、投資理財為目標，使讀者能更快掌握時代的脈動，抓住最新的趨勢，並在全球化的世界裏，過更人性的生活。

之所以選擇「**經營管理—經濟趨勢—投資理財**」為主要目標，其實包含了我們的關注：「經營管理」是企業體（或非營利組織）的成長與永續之道；「投資理財」是個人的安身之道；而「經濟趨勢」則是會影響這兩者的變數。綜合來看，可以涵蓋我們所關注的「個人生活」和「組織生活」這兩個面向。

　　這也可以說明我們命名為「經濟新潮」的緣由─因為經濟狀況變化萬千，最終還是群眾心理的反映，離不開「人」的因素；這也是我們「以人為本位」的初衷。

　　手機廣告裏有一句名言：「科技始終來自人性。」我們倒期待「商業始終來自人性」，並努力在往後的編輯與出版的過程中實踐。

輕鬆寫意，讀通總體經濟

吳惠林

在台灣，每逢全球股市震盪，造成「股災」，我們的「國安基金」應不應進場護盤、有沒有進場往往都吵嚷不休，而政府首長一邊說台灣經濟基本面良好，要人民有信心，一邊卻是頻頻聚會、憂心忡忡；而台灣民眾對於台灣經濟的高成長，但薪水、工資原地踏步、甚至倒退怨聲載道，眼見物價飆漲、房價居高不下，各項理財工具又都風險奇高，急得如熱鍋上的螞蟻。至於政府該不該運用政策工具，以及該應用金融貨幣政策或是財政政策，而政策的影響究竟如何？則是霧裡看花、一片茫然。

經濟亂象v.s.總體經濟學

這些情況大概是1930年代以後才產生的現象，因為「總體經濟學」在那個時候誕生了，製造者是名叫凱因斯（J. M.

Keynes, 1883-1946）的這位被稱為當代最偉大經濟學家的大名人。也從那個時候起，經濟學才成為顯學，最大功臣則是1970年第二屆諾貝爾經濟學獎得主薩繆爾遜（P. A. Samuelson, 1915-2009），他在1948年出版的《經濟學》（*Economics*）這一本暢銷全球的教科書，將凱因斯的理論以數學式和圖形詮釋，奠定經濟政策的必要，而政府也從此踏上經濟舞台當主角，充當「精密調節」經濟體系的總舵手，而且從此以後「經濟新聞」也充斥各種媒體，經濟學家也成為炙手可熱的人物，不但是政府單位的座上賓，也是經濟疑難雜症的醫生。

　　不過，經濟醫生和政府政策卻沒能讓各國經濟和全球經濟穩定下來，經濟風暴時不時地發生，迄今似乎愈來愈嚴重，不但頻率愈高，衝擊力也愈大、範圍愈廣。可怪的是，經濟醫生們和政府的角色非但沒削弱、褪色，還愈見重要呢！之所以如此，都是因為世事難料，且「總體經濟學」太困難、複雜、難學而迷惑世人之故也！

　　「十個經濟學家有十一種不同的意見，凱因斯本人就有兩個」，已故的美國總統杜魯門就說過他「只需要一隻手（one hand）的經濟學家」，因為經濟學家針對問題一開口往往是 "On one hand……，on the other hand……"，沒有一個「確定」的答案。不過，這也凸顯出現實世界的複雜，變數

太多，而總體經濟學原本應該是教人如何疏理頭緒，讓行為人認清情勢做最佳決策。可是，市面上儘管經濟學、總體經濟學各種國內外版本充斥，卻不好唸、不好學，這是極為普遍的反應，實在很需要有化繁為簡的版本出現。哈佛商學院教授大衛・莫斯（David A. Moss）著作的這本《了解總體經濟的第一本書》正合乎所求。

提綱挈領的簡要總體經濟學讀本

這本書將總體經濟學提綱挈領，簡約為產出、貨幣，以及預期心理三大基本支柱，各以一章的篇幅作介紹。說白了，「產出」才是核心，貨幣只是衡量、計算各種產品的產出價值，並做為交易媒介，但因其衍生出「物價」、「利率」、「匯率」等等當前日常生活中息息相關的事物，更成為誘引「人的行為」之標的，讓它的本質逐漸銷蝕，如今衍生出的各色各樣「金融（有毒）商品」，攪亂了經濟、腐化了人心，於是「投機」當道，貪婪、爭權奪利充塞人間，「預期心理」又推波助瀾，終於演變成地球資源被濫用、掏空、氣候突變、天災頻仍是當今人間寫照。

儲蓄終究是美德

很佩服作者抓對了重點，他一再告訴讀者：是「產出」
——而不是「貨幣」——才是最重要的，所以他也再三強調
「名目」和「實質」的區別，要行為「人」不要被貨幣所迷
惑，不要有「貨幣幻覺」，也才不會受到錯誤政策的誤導，
更要避免出現錯誤的預期。更難得的是，作者雖在凱因斯學
派大本營任教，卻能夠跳脫凱因斯強調「消費」、輕視「儲
蓄」的思維，回頭強調「儲蓄」的重要，「沒有儲蓄就沒有
明天的消費，明天當然不會更好，甚至沒有明天」，這也是
陷在先消費後付款、量出為入、舉債消費的當代人最大的迷
思，肇因是錯誤的總體經濟理論導致的錯誤政策，正需要有
正確的淺顯易懂教科書來導正，這本書來的正是時候。

一般人只要好好讀本書第一篇的三章就夠了，也就不至
於被坊間報導迷惑、也不會懾於所謂「專業權威」人士的言
論，更不會自慚形穢。當然，若想了解更透徹，本書第二篇
四到七章的進一步更詳盡解說可以好好看一看。

誠如本書作者所言：「許多公民即使受過高等教育，也
從來不曾研讀過總體經濟學。至於那些修過這門學科的人，
常常學的是如何解答編造出來的習題，而不是總體經濟的真

實基本面。總體經濟學的教學常常高度集中在方程式和圖形上，以致許多學生模糊了核心觀念與直覺，而那才是這個學科有意義之處。這本書想要做的是，提供總體經濟學一個觀念性的總覽，強調核心原理及關聯性，而不是數學模型及公式。目的則是在傳達基本原理，並且以實際可得及切身相關的方式來進行。」他的確做到了！而庶民們也有幸有機會得救呢！

（本文作者為中華經濟研究院研究員）

目次

第二篇　精選主題──背景與技術性問題

前言

　　總體經濟的力量，會影響到我們每個人的日常生活。通貨膨脹率影響我們購買貨品及勞務的價格，並進而影響到我們的所得及儲蓄的價值。利率決定了借貸的成本，以及銀行存款與債券的收益，而匯率則影響到我們購買進口品的能力，以及我們海外資產的價值。這些只不過是冰山的一角，其他諸多的總體變數──包括從失業到生產力──對我們經濟環境的塑造，都具有相同的重要性。

　　大部分的企業經營者如果能對總體經濟學有基本的了解，他們對市場狀況，不論是需求面還是供給面，就可以有更完整──以及更細微──的概念。同時這樣的知識，也能讓他們更有能力預測及回應重大的總體經濟事件，例如實質匯率的突然走貶，或是聯邦資金利率的急遽升高。

　　雖然經營者即使不是真正了解這些總體經濟變數，也能享有成功。但是如果能將基本的總體觀念及經濟關聯性，融

合進他們的經營工具中，他們就有可能贏過競爭對手——他們能看到潛藏的機會，並能避免不必要（有時代價極高）的錯誤。舉例而言，1990年代那些知道如何閱讀及解讀國際收支報表的經營者，在應付墨西哥及亞洲貨幣危機時，肯定比別人更為成功。

總體經濟學在現實上的價值，不只是在企業經營方面。對於我們身為消費者、工作者、投資人、甚至是選民，這個領域的基本知識也非常重要。我們選出來的公職人員（以及他們任命的重要部會首長，例如聯準會主席及財政部長），這些人管理國家總體經濟的能力，很顯然都會對我們的生活品質產生重大的影響，影響的不只是現在，還有未來。而龐大的預算赤字，在特定的時候是有利的或是不利的，選民都應該要能自己做評估。

不幸的是，許多公民即使受過高等教育，也從來不曾研讀過總體經濟學。至於那些修過這門學科的人，常常學的是如何解答編造出來的習題，而不是總體經濟的真實基本面。**總體經濟學的教學常常高度集中在方程式和圖形上，以致許多學生模糊了核心觀念與直覺，而那才是這個學科有意義之處。**這本書想要做的是，提供總體經濟學一個觀念性的總覽，強調核心原理及關聯性，而不是數學模型及公式。目的

則是在傳達基本原理，並且以實際可得及切身相關的方式來進行。

　　這裏所採用的方法，是我過去十年在哈佛商學院協助開發出來的。事實上，我所寫的這本書第一版，用來當作學生的入門書，從那之後，哈佛商學院的許多學程都把它當作必修課本。雖然這個方法，與標準的總體經濟學教科書（研究所或大學部）的方法有相當大的差異，但是我們發現這個方法非常有效，且學生和企業主管們的接受度也很高。

　　在這本書中將會闡明，總體經濟學是建立在三個基本支柱上：產出、貨幣及預期心理。因為產出是中心支柱，第一章我們就從這個主題開始，然後在第二及第三章分別談貨幣及預期心理。第一章到第三章是本書的第一篇，涵蓋了總體經濟學的基本原理，以盡量精簡的形式來說明。

　　有興趣進一步鑽研的讀者，第四章到第七章（第二篇）在許多重要主題上有更詳盡的說明。這幾章的目的不是要涵蓋總體經濟的全部內容，而是針對課堂上最常被提出來的一些總體經濟問題，予以說明。

　　第四章對於美國貨幣政策作簡短的歷史回顧，追蹤從建國以來到現在，美國貨幣供給的管理方式。經驗告訴我們，在貨幣政策及中央銀行業務的邏輯性及局限性的表達上，歷

史方法被證明是特別有效的。第五章及第六章涵蓋總體經濟會計的基本知識。就如同你若要評估一家公司，損益表及資產負債表是基本知識；閱讀GDP帳（第五章）及國際收支表（第六章），對於評估一個國家及其經濟表現而言，也是不可或缺的基本知識。最後，第七章的主題是匯率，聚焦在那些被認為會導致通貨升值或貶值的因素上。雖然匯率的走向，就像股票的軌跡一樣是出了名的難以預測，但是，當你不管是為了個人或是業務需要，必須做預測時，還是有一些重要的經濟關聯必須要納入考量。

　　和標準的教科書不同的是，這本書的設計是要讓讀者很快可以讀完。雖然有時讀者會想要回顧特定的章節（例如複習一下匯率或財政政策），但如果能先完整地將全書看完一遍（或至少讀第一篇），將可以得到最多的收穫——這本書的目標就是在對各個主題、其關鍵部分及它們是如何組成的，讓讀者有通盤性的了解。

　　因此，我們從總體經濟學的觀念核心開始，在第一章我們將討論一國的產出。

了解總體經濟

產出

　　國家總產出（national output）這個概念是總體經濟學的核心。一個國家所生產的產出——貨品（goods）及勞務（services）的總量，是該國預算的最終極限制。一個國家若要使用多於自己所生產的產出，不夠的部分就必須從其他國家借入。國家經濟繁榮靠的是大量的產出——而非大量的貨幣。一國政府想要多少貨幣都可以印製，而且將這些貨幣分配下來，讓所有國民都成為百萬富翁。但是除非國家的總產出也能同時增加，否則整體而言這個國家的福利並不會提高。而且即使有了再多的貨幣，如果全國總產出是下降的，這個國家的福利其實還是下降的。

國家總產出的計算方式

衡量一國的總產出的指標中，最被大家接受的是「國內生產毛額」（gross domestic product, GDP）。要了解什麼是GDP，首先必須搞懂它是如何算出來的。

GDP的計算，最主要的挑戰在於要如何避免同樣的產出被重複計算。總產出看起來好像應該等於一個經濟體所生產的**全部**貨品及勞務——每一磅的鋼鐵、每一輛農耕機、每公升的穀物、每條麵包、餐館賣出的每份餐點、每張紙、每張建築設計藍圖、每棟蓋好的建築物，以及其他等等。但這樣會有問題，因為在計算**每一項**貨品及勞務時，實際上會把相同的產出，在不同的生產階段重複算進去好幾次。

這個問題可以用一個簡單的例子來說明。A公司是一家林木公司，它砍伐自有的林地上的樹木，以1,000美元出售給B公司。B公司是一家傢俱公司，將買來的原木切割、琢磨並製作成桌子和椅子，以2,500美元出售給零售商C公司。C公司最後以3,000美元將這些桌椅賣給了消費者。在計算總產出時，如果將每一項交易的銷售金額加總起來（1,000+2,500+3,000），結果是6,500美元，這將會高估了產出，因為原木的價格被重複計算了三次（全部的三次交易），而木工

則重複計算了兩次（後兩次的交易）。

　　有一個好辦法可以避免重複計算的問題，就是只計算每個生產過程的「附加價值」（value-added）——也就是新創造的產出。如果一個裁縫師用50美元買了一件未完成的襯衫，縫上成本為1美元的鈕扣，然後將這件做好的襯衫以60美元賣出，我們不會說這名裁縫**創造**了60美元價值的產出，而是他為這件未完成的襯衫和鈕扣增加了9美元的價值，因此是創造了價值9美元的產出。更準確地說，附加價值（或創造出的產出）等於貨品或勞務的售價，減去生產過程中所使用的非勞動投入的成本。

　　我們可以很輕易地將這個方法應用到剛才的A-B-C例子上。A公司的原木材料賣了1,000美元，但是沒有買進任何材料投入，因此它為這個經濟體系增加了1,000美元的價值（產出）。B公司因為對投入付出了1,000美元（給A公司），將產出以2,500美元賣出（給C公司），所以增加的價值是1,500美元。最後，C公司買入2,500美元的投入（從B公司），將最終的產出以3,000美元賣給消費者，為這個經濟體系增加了500美元。如果將每個階段所增加的價值（附加價值）加總起來（1,000+1,500+500），會發現總共創造了3,000美元的價值。

另一個避免重複計算的方法更簡單，就是只計算最終的銷售，這就可以將前面生產階段所創造的所有價值都包括在內了。由於消費者購買桌子和椅子時，付給零售商 C 公司 3,000 美元，我們可以斷定有 3,000 美元的總產出被創造出來。請注意，這正好和上一段的附加價值法所計算出來的答案相同。（請見圖 1-1）

雖然兩種方法都是正確的，第二種方法——也稱為支出法（expenditure method）——被大部分國家當作是計算 GDP 的標準方法。支出法的主要邏輯是，如果我們把對於**最終**貨品或勞務的所有支出都加總起來，其總和必定正好等於這個國家所生產的產出的總價值，因為產出的每一單位，最後一

圖 1-1　總產出的計算：範例

	銷售價格 －	材料投入成本 ＝	附加價值
A公司 （林木公司） ↓	1,000	0	1,000
B公司 （傢俱公司） ↓	2,500	1,000	1,500
C公司 （零售商，賣給消費者）	**3,000**	2,500	500
合計	6,500	3,500	**3,000**

定會以某種方式被人購買 ❶。因此，GDP 的標準定義是：在一年期間內，一國國內所生產的全部貨品及勞務的市場價值。

　　政府官員通常把對於最終貨品及勞務的支出分為五種：家計單位的消費（C）、對生產性資產的投資（I）、政府在貨品及勞務上的支出（G）、出口（EX）與進口（IM）。第五章我們會有這些分類的詳細定義。

　　然而，最重要的是我們要記住，這些分類全都是為了避免重複計算而設計的。雖然消費涵蓋了家計單位幾乎**全部的**支出，但企業投資卻不涵蓋企業的所有支出。如果把企業全部的支出都計算進來，那就會出現大量的重複計算問題，因為廠商所買的東西中有許多（例如原物料）是要用來加工，然後再賣給消費者的。所以，投資只包括短期內（通常是一年內）不打算用掉的企業支出。對於一名木匠而言，買入新電鋸是投資，而買入要做成桌椅的木材，則不是投資 ❷。

　　會造成支出法中重複計算的另一個原因，則是跟進口有關。如果美國消費者購買在亞洲生產的電視機，我們在計算美國 GDP 中的消費支出時，就必須要小心，因為購買的是外國的產出，而不是美國國內的產出。因此，進口是總支出的減項，要從 GDP 中扣掉。

將以上種種片段拼在一起，就產生了總體經濟學中最重要的等式：

國家總產出（GDP）＝ C ＋ I ＋ G ＋ EX － IM

這個等式告訴我們，國家總產出等於在最終貨品及勞務上的支出，減去進口的部分。如我們剛才所述，國家總產出也等於整個國內經濟中附加價值的總和（亦即，在每個生產階段所增加的附加價值的總和）。

衡量總產出的第三個方法，是只計算所得（雖然實務上在計算GDP時更常採用支出法）。所得是因為生產要素（如勞動與資本）所提供的服務而支付的總額──通常是以工資、薪資、利息、股利、租金及權利金等等形式呈現。由於所得是針對產出的生產而給付的，因此，總所得最終應該等於總產出。畢竟，生產的所有收益，最終必會以某種方式進到大家的口袋裏❸。

產出的跨國交易

有時候，一個國家會希望和另一個國家進行產出的交易。例如美國可能希望以商用客機（例如波音747）和日本

的汽車（例如本田或豐田汽車）進行交易。如果在交易的當時，美國客機的價值正好和日本汽車的價值相等，那麼兩國的貿易帳就會平衡。也就是說，美日兩國的出口都正好等於進口。

讓人疑惑的是，為什麼許多國家會想要貿易順差，亦即本國送比較多的產出給外國（以出口的形式），而收到比較少的外國產出（以進口的形式）？為什麼會有國家想要給的多，收到的少？答案是，今天有貿易順差的國家，是預期在未來能從他們的貿易夥伴拿回更多的產出❹。這種跨期間的移轉，經由國際借貸可以得到確保。當一國的出口超過進口時，它必然是將相當於這個差額的資金貸放給外國，讓外國人可以購買本國多餘的生產。反過來說，當一個國家的進口超過出口時，該國必須從外國借錢來支付這項差額。用借款的方式，即是承諾在未來會償還這項差額，通常包括利息。

例如，如果美國想從日本進口汽車，但不出口任何東西到日本，則美國只能靠著向日本借錢來支付。這項借款可以有幾種形式：美國人可以直接向日本的銀行借錢，或是他們可以付給日本人股票、債券或其他有價證券。不管這些借款是以什麼形式，日本人拿到的都是資產，例如股票或債券，可以在未來獲取美國的產出。最終，當日本人決定要賣出持

有的美國股票及債券，用那些收益來購買美國的飛機、電影及電腦軟體時，兩國之間的貿易收支狀況就會翻轉過來。這時美國就會有貿易順差，美國將一部分的產出運送到日本去，因而使得美國人的消費少於其生產。此時的日本人將會有貿易逆差，使得他們的消費能夠多於他們的生產（消費與生產之間的差額由來自美國的產出補足）。

所有這類型的國際交易，都記錄在國家的國際收支表（balance of payments statement）上（請見表1-1）。經常性的交易，像是貨品及勞務的出口及進口，都記錄在**經常帳**（current account）。金融交易，包括賣股票及債券給外國人，則記錄在**金融帳**（financial account）——過去稱為資本帳（capital account）。經常帳赤字，必然會有金融帳上的資本流入（借款）；而經常帳盈餘，則會有金融帳上的資本流出（貸放）。所以，經常帳及金融帳是完全相反的，其中一個有赤字，另一個必會有同樣數額的盈餘。（可參考第六章「看懂國際收支報表」）。

我們不應該把經常帳赤字完全看成是負面的，因為經常帳赤字不見得就代表弱勢或強勢，而是要視情況而定。在有些案例中，經常帳赤字表示一個國家的生活是入不敷出，它的消費超過其國內可以負擔的水準。但是，如果一個國家向

表1-1　GDP與國際收支：一個假設案例（X國）

X國的GDP帳 2005年（單位：百萬美元）		X國的國際收支 2005年（單位：百萬美元）	
消費（C）	1,000	經常帳	−50
投資（I）	200	商品收支	−200
政府支出（G）	300	勞務收支	150
出口（EX）	500	淨投資所得	−25
進口（IM）	550	單方移轉	25
GDP（C+I+G+EX−IM）	1,450		
		金融帳	50
		淨外國直接投資	−125
		淨有價證券投資	150
		誤差與遺漏	−25
		官方準備的變化	50

說明：在這個案例中，X國所購買的最終產出超過該國的生產，因為C+I+G（國內支出1,500）大於GDP總額（1,450）。這要能夠成立，X國的進口必須大於出口，正如這個案例所示。在表的左半部，（貨品及勞務）的進口比出口多了5千萬美元，這正好是國內支出超過國內產出的數額。很明顯，國內支出及國內產出之間的差額，是從國外進口的。表的右半部是國際收支，提供了更詳盡的X國與其他國家的交易帳目。經常帳是赤字，反映出X國向外國購買的貨品及勞務，多於它賣給外國的。（雖然國際收支中的經常帳不必然等於GDP帳上的進出口差額，但常常很接近。）金融帳上的盈餘，表示從海外有淨的資本流入，才能支應經常帳的赤字。金融帳的資本流入有許多形式，包括外國直接投資（Foreign Direct Investment, FDI）、有價證券投資以及其他。更多關於GDP及國際收支計算的細節，請見本書第五章及第六章。

國外借款是要提升國內投資（因而可以增加該國未來的產出），這樣也是會產生經常帳赤字。因此，赤字國家的問題在於他們是否能妥善利用這些額外的產出。而有盈餘的國家，則是要看他們今天提供給其他國家的產出，未來是否能得到不錯的報酬。

你可能不熟悉國際收支帳，但其實它沒有看起來那麼困難。事實上，拿它和你的個人預算做個類比，你就能更清楚了解。你所生產的總產出——也就是，你個人的產出——反映在你的個人所得。如果你是受雇者，你對產出的貢獻將會以工資或薪水的方式支付給你。如果你自己有資本（例如銀行存款、債券或股票），這些資本對產出的貢獻就會以利息或股利的方式支付給你。如果你要花費超過你所生產的（亦即花費超過你的總所得），那麼這中間的差額，你必須要去借款（或至少從儲蓄裏拿出錢來）支應。這部分的超額花費，可能是用在增加消費（例如去歐洲度假兩個星期），或是用在未來可以讓你增加賺錢能力的個人投資（例如再去受教育或是當作創業基金）。不管是哪一種，都必須要有人借錢給你，而那個人是生產多於花費的（並將這個差額儲蓄起來，才能借給你）。將來你必須要支付這筆借款，加上利息。當你還錢時，你的花費必須要少於你的生產（亦即，消

費少於所得），因為你要拿一部分的所得，去償還利息和本
金給你的債權人。

　　對國家來說，道理是一樣的。如果一國在經常帳上有赤
字（例如，進口多於出口），就表示它所使用的產出多過生
產，其間的差額就要向外國借款，這在金融帳上就登記為盈
餘──資本流入。關鍵重點是，國家就和個人一樣，其消費
及投資的長期限制，都是它所能夠生產的產出總額。在短期
間內，你可以使用多於自己所生產的產出（靠借款的方式支
應差額），但是長期下來就不行了。因此一國的產出──亦
即 GDP ──代表它的終極預算限制，這也是為什麼國家總產
出的概念居於總體經濟學的核心位置。有關產出與貿易之間
關係的討論，請見以下的「淺談比較利益理論」。

淺談比較利益理論

　　經濟學當中最重要的理論之一就是比較利益
（comparative advantage），那是英國的政治經濟學家大
衛‧李嘉圖（David Ricardo）在 1817 年提出來的。為了
說服英國立法者放棄貿易保護政策，李嘉圖證明了貿易有
非常大的力量可以增加全球的總產出，並可以提升各國的

消費及生活水準。根據一個只有兩個國家兩種貨品的簡單模型，他證明了每個國家——即便其中一國在兩種貨品的生產上都具有絕對利益——都能藉由專業生產相對上擅長的貨品，然後進行貿易取得其他貨品，而獲得好處。

李嘉圖在這個如今已廣為人知的案例中，假設葡萄牙在生產酒和布匹上，都比英國有生產力。他假設葡萄牙在一年內，用80個工人就能生產8,000加侖的酒，而英國要用120個工人才能做到；另外，葡萄牙人能夠以90個工人生產9,000碼的布匹，英國卻需要100個工人才能做到。換言之，葡萄牙的生產力是每名勞工每年能生產100加侖的酒或100碼的布匹，而英國的生產力是每名勞工每年66.67加侖的酒或90碼的布匹。葡萄牙在兩種產業都具有絕對利益的情形下，為什麼葡萄牙人會選擇向英國購買酒或布匹呢？

李嘉圖令人驚訝的答案是，只要兩個國家都專精在自己相對上（relatively）最會生產的貨品上，則兩國都能從貿易中獲得好處。在李嘉圖所舉的案例中，雖然葡萄牙在酒和布匹的生產上都比較厲害，但是它在酒的生產上更具有利益。所以，葡萄牙享有酒的比較利益（comparative advantage），相對地，英國則享有布匹的比較利益。李

嘉圖的結論是，如果每個國家都遵從其比較利益——葡萄牙只生產酒而英國只生產布匹——然後兩國彼此進行貿易，這樣一來，比起兩國各自生產兩種貨品的情況，這兩國都能消費到更多的酒和布匹。

　　為了說明得更具體，假設每個國家有 1,200 名勞工，每個國家都將 700 名勞工分配去生產酒，500 名去生產布匹。這表示葡萄牙生產了 70,000 加侖的酒以及 50,000 碼的布匹，而英國則生產了 46,667 加侖的酒和 45,000 碼的布匹。然而如果每個國家都將 1,200 名勞工全投入具有比較利益的貨品生產上，葡萄牙能生產 120,000 加侖的酒，而英國生產 108,000 碼的布匹。如果他們進行貿易，假設以 48,000 加侖的酒交換 55,000 碼的布匹，葡萄牙將會有 72,000 加侖的酒以及 55,000 碼的布匹，而英國會有 48,000 加侖的酒和 53,000 碼的布匹。換言之，經由分工專業生產及貿易，兩國都會有更多的酒和布匹（請見表 1-2）。事實上，要自己生產這些數量的酒和布匹，葡萄牙需要 1,270 名勞工，而英國需要 1,309 名勞工。根據比較利益原理進行分工及貿易，這兩個國家得到的產出就像是多出了許多免費的勞工一樣。

表1-2 比較利益與貿易利得：數字案例

	酒（加侖）	布匹（碼）
葡萄牙的生產力 （每年每名勞工的產出量）	100	100
英國的生產力 （每年每名勞工的產出量）	66.67	90
葡萄牙與英國生產力的比率	1.5 （葡萄牙的 比較利益）	1.1 （英國的 比較利益）
葡萄牙自給自足狀況下的產出 （700名酒工，500名布工）	70,000	50,000
英國自給自足狀況下的產出 （700名酒工，500名布工）	46,667	45,000
葡萄牙分工專業下的產出 （1,200名酒工）	120,000	0
英國分工專業下的產出 （1,200名布工）	0	108,000
葡萄牙貿易後的消費量 （例如：以48,000加侖的酒換得55,000碼布）	72,000	55,000
英國貿易後的消費量 （例如：以55,000碼布換得48,000加侖的酒）	48,000	53,000

　　從此以後，經濟學家們將李嘉圖的這項成果予以一般化，可以適用在更多的國家及更多種的貨品上。當然我們可以指出在某些條件下，貿易互惠是無法達到的，但是大

部分的經濟學家傾向於相信那種情況──亦即自由貿易的可能例外──在實務上是很少見的。的確，諾貝爾經濟獎得主保羅‧薩繆爾遜（Paul Samuelson）曾經說過：「這是一個簡單化的理論。然而，即便它是如此的過度簡化，比較利益理論提供了一道最重要的真理曙光。政治經濟學中很少有這麼含意深遠的原理。一個忽略比較利益的國家，可能得在生活水準及經濟成長上付出重大的代價。」

很顯然，大部分的人──即使是那些從沒讀過比較利益理論的人──在個人每天的事務上，都傾向按照這個理論行事。我們都試著做自己相對上最擅長的事，然後交換其他所需。舉例來說，一位投資銀行家，即使比起鎮上任何專業油漆工，都更會油漆房子，她專心做投資業務然後付錢請其他人來油漆她的房子，可能還是最明智的做法（從經濟學的觀點來看）。這是因為，她的比較利益很可能是在投資金融方面，不是在油漆房子。如果她把高薪的投資工作擺一邊，把時間花在油漆房子上，可能代價很高，因為她能賺的錢減少了，而所能消費的產出量也減少了。換言之，為了要最大化產出，我們每個人專精在我們的比較利益上，然後交換其他所需，這是很有道理的。

是什麼因素造成產出的變動？

許多總體經濟學家把這個問題看作是最重要的問題。雖然大家對於答案少有共識，但至少有幾件事是大多數經濟學家都同意的。

經濟成長的來源

長期下來是什麼因素造成產出增加，經濟學家常常指出三項經濟成長的基本來源：勞動力增加、資本增加、以及這兩項要素的使用效率增加。勞動力的數量可以因現有勞工工作時數增加而增加，或是因為新人的加入而使勞動力擴增（例如，美國在1970年代，原先並未就業的婦女開始大量進入職場，成為受薪勞動力）。當企業（經由投資）增加工廠及設備，增強產能時，資本存量（capital stock）就會上升。當生產者能夠從相同數量的勞動和資本中獲得更多產出（例如，因為組織創新而達到），效率就會增加。

舉個簡單的例子來說明這些不同的經濟成長來源。一個簡單的成衣工廠，有10名工人及10台縫紉機。如果這些用縫紉機製造整件襯衫的工人，每個人每天都能生產10件襯衫，則這家工廠的總產出為每天100件襯衫。現在工廠的老

闆將工人和縫紉機都增加一倍，產出毫無疑問會增加——也許每天增加為 200 件襯衫。因此，提升產出的策略之一，就是增加勞動、資本，或是兩者都增加。然而，還有一個非常不同的策略，目標是放在提升效率，而不是增加勞工或資本投入。例如，這家工廠的老闆可能會嘗試將工廠重新規劃，弄成像是組裝線的動線。這項新的安排，工人不再是每個人獨力完成一件襯衫的製造，而是一些工人做領子，另一些做袖子等等。組裝線最尾端的工人則是把各個部分縫在一起。如果這個方法是非常有效率的，這家工廠（靠著原來的 10 名工人及 10 台縫紉機）現在將可以每天生產 200 件或是更多的襯衫，即使勞工和資本的數量並沒有增加❺。經濟學家通常將這樣的效率稱為要素總生產力（total factor productivity, TFP）。更多關於 TFP 的討論，請見以下「生產力」一節。

生產力

　　雖然要素總生產力是很重要的總體經濟觀念，但是當經濟學家或其他分析家單獨提到「生產力」（productivity）一詞時，通常指的並不是要素總生產力，而是指勞動生產力，其定義為每工時的產出（或有時指的是每名勞工的產

出）。如果你看到報紙報導說去年每小時生產力增加了3%，這表示實質GDP（產出）除以全國工作總時數，去年底的數值比前年底高出了3%。一般而言，勞動生產力高的國家，較勞動生產力低的國家擁有較高的工資及生活水準。

為什麼有些國家的勞動生產力會比其他國家高，或者為什麼一個國家的勞動生產力會成長，原因有很多。尤其是機械及其他資本設備的數量愈多，通常勞動生產力也較高。正如有位經濟學家說過：「平均而言，每名鐵路工人可以搬運的貨物噸數比一般的自行車騎士來得多。[a]」教育程度較高的勞工也有生產力較高的傾向，大學程度勞工的每小時產出，通常高於中學程度勞工（因此大學程度勞工的工資也比較高）。

經濟分析家常常密切注意生產力和工資之間的關聯性。當一個國家工資上升的速度，快過勞動生產力上升的速度，經濟學家會說這個國家的單位勞動成本（亦即生產一單位產出所需的勞動成本）是上升的。相反地，如果勞動生產力上升的速度快過工資上升的速度，就說這個國家的單位勞動成本是下降的。當一國的單位勞動成本（以一種共同的貨幣計算）上升的速度，快過它的貿易夥伴國家

的話，那麼這個國家就是在全球市場上「失去競爭力」。

<hr>

[a] Forest Reinhardt, "Accounting for Productivity Growth," Case No. 794-051 (Boston: Harvard Business School, Sept. 14, 1994): 3. 光是資本存量增加就會提高勞動生產力，但是當勞動生產力的上升，超過我們光從資本存量增加所預期到的上升時，經濟學家將這之間的差異，歸因於要素總生產力（total factor productivity）。要素總生產力廣泛地衡量所使用的勞動及資本的效率。

<hr>

　　雖然剛才的說明案例是單一的一家工廠，同樣的原理可以適用於整個經濟體。一個國家增加總勞動工時（勞動）、或增加工廠及設備數量（資本）、或增加使用勞動及資本的效率（TFP），都可以提高其GDP。

　　所謂供給面（supply-side）的經濟學家，把注意力集中在全部這三種因素的提升，以增加一國的總潛在產出（這是屬於供給面）。美國最喜歡的「供給面」方法是減稅。供給面經濟學家主張，因為較低的稅率可以讓民間部門的每個人保有更多所得，稅負減輕則讓國民有強烈的動機增加工作時數（因而使勞動增加）、將所得做更多的儲蓄及投資（因而使資本增加）、投入更多精神在各種創新上（因而增加效率，也就是TFP）。因為這些理由，美國的供給面支持者，

常常偏好以減稅做為促進長期GDP成長的最好方法。

　　其他的經濟學家，包括美國之外的許多人，有時的主張幾乎正好相反——認為**政府主導**的投資（例如：公共基礎建設、教育、研究發展）是累積資本存量、強化勞動力及促進創新最好的方式，因此也是提升長期經濟成長最好的方式。雖然他們也聚焦在供給面，但是在提升潛在產出（供給）的最適公共政策方面，觀念上非常不同。

經濟不景氣的原因（衰退與蕭條）

　　總體經濟學中另一個很重要的問題，是什麼因素造成產出下降或成長減緩。很明顯地，任何會導致勞動、資本、或TFP下降的因素，都有可能造成產出下降，或至少減緩成長的速度。例如，大地震可能因為摧毀了大量的實體資本，而使產出減少。類似地，致命的傳染病因為造成勞動人口的大量死亡，因而降低了產出。即使有些看起來非經濟性的事件，像是宗教衝突，也可能因為不同信仰勞工之間的矛盾，降低整體合作效率，因而降低TFP，而使得產出減少。

　　然而，在一些案例中，即使沒有任何地震或傳染病，產出也可能大幅降低。例如：從1929年到1933年，美國的總產出下降超過30%，經濟學家及政策制定者都感到疑惑不

解。胡佛總統在 1930 年 10 月說道，雖然經濟是蕭條的，「國家的基礎資產並未受到損害……。生產及配銷的龐大組織及設備，就某種程度而言，比起兩年前甚至還更強大。❻」同樣地，羅斯福總統在 1933 年初的就職典禮上，也說：「我們的悲情並非出自實質上的失敗。我們沒有遭受蝗災侵襲。……我們是豐足的，但卻無法激發慷慨的使用。❼」所有必須的投入（勞動及資本）都具備，為什麼在短短幾年之間，產出下滑如此劇烈？

英國經濟學家凱因斯（John Maynard Keynes）聲稱他知道答案。他在 1933 年寫道：「如果我們的貧困是地震或饑荒或戰爭造成的——如果我們是缺乏生產所需的物資及資源，則我們除了認真工作、節制享受、發明創造之外，沒有其他辦法可以富裕起來。但事實上，我們的困境是另外一種，是無形的心智出了一些問題。……不需要任何東西，而且沒有任何東西可以幫得上忙，除了清楚的思想。」❽他的關鍵見解，在於「無形的心智」（immaterial devices of the mind）一詞，問題主要是人們的預期和心理。因為某些原因，人們腦中有一種想法，就是經濟有困難了，這種信念很快地自我實現。所有的家庭都認為最好要多存點錢，為將來做準備。企業看到消費數字節節下滑，決定縮減投資及生產，因而造成

裁員，使得勞工收入減少，因此加劇了消費下滑。

這全是預期心理造成的，凱因斯稍後稱之為「動物精神」（animal spirits），經濟因而落入向下的惡性循環。雖然經濟的**潛在**產出（potential output）還是很大（因為只要有生產的需要，同樣的工廠全都還在，同樣的勞工也全都可用），但是**真實**產出（actual output）卻因為需求嚴重短缺而崩盤了。

原則上，如果價格是完全彈性的，會不斷調整使得供給與需求回復平衡，那麼這樣的崩盤就不會發生了。例如，對於勞動需求的減少，工資能下降得夠快（而且幅度夠大），所有失業勞工將能很快找到新的工作，雖然無可避免地，工資會低於過去的水準。重點在於，如果價格機制能完全發揮作用，即使預期心理突然發生變化，資源也絕不會被浪費掉，也不會一直造成失業。

然而實際上，市場有時也沒那麼牢靠。因為一些至今仍無法完全了解的原因使然，價格是僵固的（rigid）或說是僵硬的（sticky），意思是說價格照理應該要能根據供需變化快速且完全地調整，但實際上卻不然。結果，一項負面的打擊──包括預期心理的急轉直下──真的就可以使得一國經濟陷入長期的衰退，實質所得下跌，而人力與實質資源都閒

置，無法充分利用。

　　因而，從凱因斯那時候開始，經濟學家開始了解到，經濟成長的動力不只有供給面而已。需求也非常重要，特別是需求有時候就是會不足。事實上，在之後的40年間，這成為頂尖經濟學家及政府官員的一個信念，認為政府有責任要以財政及貨幣政策來「管理需求」，以縮短經濟衰退的時間及降低經濟衝擊，協助穩定景氣循環*。（圖1-2為美國景氣循環圖）

　　我們會在第三章中詳細說明這些主題。目前僅須記住，當需求萎縮時，**真實**產出會低於**潛在**產出。

財富不是比產出重要嗎？

　　我們給予產出這麼多的關注，即使是忠實的讀者，也不免會產生一些懷疑。可能有人就會想說，決定一個國家的福利，財富不是比產出重要嗎？雖然這是一個非常好的問題，

---

* 經濟學家通常會區分長期趨勢及短期（循環性）波動。衰退，通常是來來去去的，一般被視為是循環性的現象。雖然衰退沒有普世都接受的定義，但有個最簡單的準則是，衰退至少是連續兩季實質GDP成長率為負數。

圖1-2　美國的景氣循環，1930-2005年

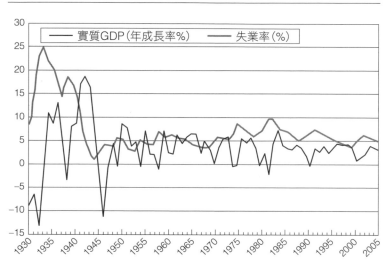

資料來源：*Historical Statistics of the United States, Earliest Times to the Present: Millennial Edition*, edited by Susan B. Carter, et al. (New York: Cambridge University Press, 2006); *Historical Statistics of the United States: Colonial Times to 1970* (Washington, DC: GPO, 1975)；美國勞工統計局（U.S. Bureau of Labor Statistics）；美國經濟分析局（U.S. Bureau of Economic Analysis）．

但答案是很明確的兩個字，「不是」。

　　毫無疑問，當人們擁有很多像是股票及債券等金融資產，他們會覺得很富有。但是他們感到富有的理由，是因為這些資產給了他們（間接地）可以獲得未來產出的權利。例

如他們擁有一家公司的股票，他們就有權利分享這家公司未來的獲利，而這些獲利是從這家公司生產及銷售而來的。另一個看法是，擁有很多金融資產的人認為可以隨時出售資產換得現金，去買任何想要的貨品或服務。就這樣的意義而言，財富只是代表對未來產出的請求權（claim）❾。很清楚地，如果生產崩盤了，能買得到的貨品及勞務很少（例如，發生了大規模的傳染病），那麼大部分的資產──包括股票及債券──將會喪失大部分的價值，有些甚至變成一文不值。事實上，這就是為什麼在經濟蕭條、產出下滑的時候，金融性資產通常會失去價值。

　　歸根究柢，大部分的**金融性**資產代表的是對實質（real）生產性資產（像是工廠及設備）的請求權，這些生產性資產被預期在未來可以有產出。但是，這些生產性資產本身當然都曾經是產出。一個社會必須要做的（至少是不自覺而做的）重要決定之一，就是如何處理生產出來的產出。其中一個選擇是，在一年內把這些產出全部消費掉。但是「只管眼前」的問題是，可能會抹煞了更光明的未來的機會。如果不在今天消費掉所有的產出，一個更好的策略是為明天存些東西。事實上，如果將現有資源的一部分用來製造生產性資產（例如，生產衣服所需的縫紉機），而不是只製造消費品（例

如，衣服本身），那麼在未來將可以生產更多的產出。

目前的產出當中，打算用來增加未來產出的部分，稱之為投資。基本上，投資的資金來源不外乎兩種方式——國內儲蓄（表示要降低今天的消費），或是向海外借款（表示要降低明天的消費）。目前的美國是兩者皆有。（請見圖1-3）

在市場經濟中，關於儲蓄及投資的決策是高度分散化的。根據借款的預期收益及成本，以及他們自己的偏好，家計單位決定要儲蓄多少、廠商決定要投資多少、外國人決定要貸放多少。在某些情況下，政府可能會想要影響這個結果——例如，提供投資租稅抵減或是其他誘因，鼓勵企業在廠房及設備上做額外的投資。然而，大多數的情況都是家計單位、廠商及外國投資人每天在市場上各自進行決策。

由市場分配到投資（而不是消費）上的產出，最終將會增加國家的資本存量（capital stock）。毫無疑問地，資本，顧名思義，在資本主義經濟中是不可或缺的。但是同樣重要的是，資本是從產出衍生而來的，它是達到目的的手段——目的是生產（及可以獲得）未來更多的產出。事實上，一個國家會被歸類為富有或貧窮，完全決定於每人產出（每人GDP）。美國幾乎是最高（2005年每人GDP為42,024美元），而蒲隆地（Burundi，107美元）、衣索比亞（Ethiopia，126

美元）則幾乎墊底 ❿ 。想知道更多有關儲蓄、投資及產出之間的關聯，請見以下的「年金的兩難及產出的核心性」。

圖1-3　2005年美國的國內支出、國內產出與投資的來源

國內支出（用掉的產出）	占GDP的比重（％）
民間及政府的消費	86
民間及政府的投資	20
合計	106

投資的來源	
國內儲蓄	13
海外淨借款	6
統計差異	1
合計	20

支出與產出的比較	
國內總支出	106
國內總產出（GDP）	100
差異（＝海外淨借款）	6

資料來源：美國商務部（Department of Commerce）經濟分析局（Bureau of Economic Analysis）.

註：2005年美國的國內支出（產出的使用）超過國內生產的產出（GDP）大約6%。類似地，國內總投資超過國內總儲蓄——大約6%（投資20%減去儲蓄13%再減去統計差異1%）。這兩種情況下的差額都是向國外「借入」6%的產出（表現在經常帳赤字上）。

年金的兩難與產出的重要性

眾所周知，許多國家的「隨收隨付年金制」（pay-as-you-go pension systems）在未來幾年內將要陷入困境了。一旦嬰兒潮世代進入退休年齡，支撐著全國退休金系統的每名工作者，將必須負擔更多的退休人口。

雖然在許多國家，關於年金改革的想法爭議不斷（複雜度也不低），但是問題的核心其實相當簡單，就是產出。每年只有那麼多的全國產出，必須分配給勞工（從事生產的人），以及人數逐漸增加的退休者（主要只是消費的人）。基本上，這就是年金制度的職責——將全國的產出在勞工及退休者之間作分配。記住這個要點，有助於我們思考所面臨的基本挑戰，以及各種改革提案涉及的取捨問題。

有一項改革提案是要推動新的政府資助的個人退休帳戶（individual retirement accounts, IRAs）。「隨收隨付年金制」提供給退休者的是對勞動的隱含的請求權（因為這些退休津貼的來源是對工作者課徵薪資稅〔payroll tax〕而來的），而以IRAs為基礎的年金制度，給予退休者的則是對資本的請求權（因為在帳戶裏的是股票和債券）。換

言之，隨收隨付法和 IRA 法，是兩種不同的分割經濟大餅的方法。

　　不幸的是，IRA 法的一些支持者說，在 IRA 法下可以吃一頓「免費的午餐」：如果美國人可以用社會保險的提撥款去買股票和債券，而不是去支付目前退休者的津貼，他們就可以好好地存一筆錢，舒舒服服地退休，不用麻煩到其他人。而同時，過渡期間的退休津貼可以由政府舉債支應，付給目前的退休者。

　　當然了，這個免費午餐的論點的根據有幾項謬誤。一個基本的錯誤就是把股票及債券組合當作是真實產出的累積，老年人可以直接拿來消費。雖然我們都習慣性地認為可以在短期間內變賣金融性資產換取現金，然後用這些現金去買貨品及服務，但是如果每個人都同時這樣做，很顯然就行不通了。如果數量龐大的老年人口在同一段時間變賣他們的金融性資產，以便購買所需的貨品及服務，他們很快就會發現，這些金融性資產所能獲得的收益遠比他們預期的低。單單給予老年人更多的紙張──更多的股票和債券──不能擔保他們未來能消費到更多的產出。

　　有個相關的、但又更微妙的錯誤是將提撥到 IRA 的錢，看作是全國儲蓄的增加，因此認為能增加未來的全國

產出。再一次地，問題出在股票及債券只是一些紙張。它們代表的是對生產性資產的法定請求權，而不是生產性資產本身。如果在美國的每家公司都決定要分割股票，讓每個美國人的有價證券組合中的股份都增加一倍，這顯然不會增加全國儲蓄。如同我們之前說過的，在任何一個時點，要增加全國儲蓄唯一的方法，就是減少全國消費，將一國寶貴的產出多分一些在生產性資產的投資上，以提升未來的產出。IRA是否能增加全國儲蓄，全看它們的財源從哪裏來。舉例來說，如果個人或政府是以借款的方式來支應新的IRA，總儲蓄就不會因此增加。要透過年金制度增加儲蓄，要不就是現在的工作者必須每年從所得中提撥更多錢，否則就是現在的退休者必須接受較低的津貼。很不幸的，就是沒有免費的午餐。

從總體經濟學的角度來看，關鍵問題不在明天的老年人是否有IRA或是傳統的隨收隨付制年金，而是他們（或其他人）是否為了終將到來的退休，而降低消費。除非今天的儲蓄能夠增加，否則工作者與退休者之間的產出分配問題，明天還是會一樣的麻煩，不管採行的是完全靠個人帳戶支應的制度，或是靠薪資稅的傳統隨收隨付制度。

如果這讓人感到驚訝——或甚至感到混淆——請不用

擔心。逼近眼前的年金危機，是全球的政策制定者所面對的最棘手問題之一。但是這個問題的根本，並不像表面上看起來那麼複雜，其實很直截了當。一國的產出量是這個國家最終極的預算限制，不論該國有多少的股票或債券或社會保險卡。除非這個國家的產出增加，否則要給退休者更多，工作者能拿到的就一定要減少。我們要記住的重點是，整個社會最終必須倚靠的，主要是產出，而不是財富（尤其不是金融性質的財富）。

第2章

貨幣

雖然在總體經濟學的研究上，產出比財富來得重要，但是有一種特別形態的財富——貨幣（money）——在這個領域中占有非常特殊的地位。在市場經濟裏，貨幣有許多功能，其中最重要的是它能讓交易順利進行。如果沒有貨幣，貨品及勞務的交易會變得非常沒有效率。如同十八世紀中期英國的哲學家大衛‧休謨（David Hume）所說，貨幣不是「交易的輪子：它是讓輪子轉動更順暢及容易的潤滑油。❶」

讓我們想像一下，在沒有貨幣的情形下，交易會變得多麼複雜。如果你是種植小麥的農夫，想要帶家人出去吃頓晚餐，你必須找到一家願意接受用小麥交換餐點的餐廳。否則你必須知道餐廳老闆需要什麼——假設他想要新的椅子——然後你還得找到一個願意用椅子交換小麥的傢俱商。想想看，如果這個傢俱商對小麥沒有興趣，他想要的是新的槌

子，那你要怎麼辦？

很明顯地，如果有一個很便利的商品，是大家都願意
（或必須）接受做為支付之用，那就可以大大簡化上面所述
的交易過程。而這正是全世界各個市場都使用貨幣做為交易
媒介的原因。在一個貨幣化的經濟社會裏（亦即人們用貨幣
進行交易的社會），想要買你的小麥的人，用貨幣來支付就
可以了，而你也可以在餐廳裏買到一頓晚餐，或是任何你想
要的東西，只要你有足夠的貨幣可以涵蓋所需的成本。

至少從民族國家的啟蒙開始，每個國家的政府就負責定
義他們經濟體內的貨幣（請見第四章）；最後，幾乎每個國
家的政府也負責創造屬於自己國家的貨幣，用鑄造的方式或
是用印製的。稍後我們將看到，政府創造貨幣的做法，如何
影響該經濟體的運作，以及他們的國民在市場上將面對何種
類型的風險。

貨幣及其對利率、匯率及通貨膨脹的影響

雖然貨幣在使交易能順利進行方面，扮演不可或缺的角
色，但是它也會影響到一些變數，而總體經濟學家對這些變
數可是非常關注的：**利率**、**匯率**及**總合物價水準**。重點是，

這三項變數構成了貨幣的「價格」。

　　我們可以把利率想成是持有貨幣的代價，或換個方式來說，是投資資金的成本。一般而言，以現在拿到 100 美元，和一年後拿到同樣 100 美元相比，大部分的人比較喜歡現在就拿到。經濟學家將這樣的取捨關係稱為「貨幣的時間價值」（time value of money）。一個消費者為了有錢能夠立刻花用，可能會去借款（並同意未來要支付利息）。也許這名消費者喜歡立刻就有新電視可以看，而不是存到足夠的錢一年後才能買新電視。同樣的，當企業主預期新的投資案報酬會高於借款利率時，他可能會去向銀行借款或是發行債券，以進行這項投資。利率上升時，對消費者和廠商而言，明顯地貨幣變貴了，因此今天（相對於明天或明年）買東西的成本就上升了。一部分是因為這些原因，利率上升可能會減緩經濟體產出的成長（因為減緩了目前的消費與投資），而利率下降則可能會加快產出的成長（因為可以刺激目前的消費與投資）。

　　而匯率，就是一種通貨以其他通貨來計算的價格。如果 1 美元要花 100 日圓來購買，那麼日圓對美元（yen-to-dollar）的匯率就是 100。反過來說，美元對日圓（dollar-to-yen）的匯率就是 0.01。如果日圓對美元匯率大幅下滑到 90，這就表

示美元「貶值」（depreciated）了，而日圓升值（appreciated）了，因為現在要花更多美元才能買到 1 日圓（也就是用更少日圓就可買到 1 美元）*。當一國的匯率貶值，外國人會發現那個國家的通貨變便宜了，因此他們會多買那個國家的貨品。正是因為這個原因，匯率貶值常常被認為有利於該國的出口。然而，天下沒白吃的午餐，匯率貶值也表示外國通貨（因此也代表外國貨品）對這個國家的人民而言變貴了，因此這個國家人民的整體購買力就降低了。

總合物價水準（有時也稱為物價平減指數〔price deflator〕）稍微複雜一點，因為它並不是任何一種特定商品的價格。廣義來說，總合物價水準反映的是**所有**貨品及勞務的平均價格──或至少是一組涵蓋很廣的貨品及勞務，以貨幣來計算的平均價格。在一個健全的經濟體中，個別貨品及勞務的貨幣價格，隨時都在變動。在任何一刻，有些是上升的，而有些是下降的。例如，近來牛奶的價格是上升的，而

---

* 請注意，當一個國家的匯率以另一種通貨表示（亦即，另一種通貨放在分母）時，匯率上升表示該國通貨貶值，而匯率下降表示升值。例如，如果日圓對美元匯率從 100 掉到 90，那麼日圓相對於美元是升值的，因為現在用比較少的日圓就可以買到 1 美元（同樣地，1 日圓可以買到更多的美元）。

電腦的價格是下降的。然而，我們還是可以偵測到整體（或
至少大部分）物價的趨勢。在**通貨膨脹**（inflation）期間，總
合物價水準是上升的，大部分物價傾向於上漲，雖然無可避
免地，有些東西上漲得比較多。相對地，在**通貨緊縮**
（deflation）期間，總合物價水準是下降的，大部分東西的價
格傾向於下跌，雖然還是會有些東西跌得比較多。我們不難
看出，貨幣的價值（或價格）若是以貨品及勞務來計算的
話 *，它的升降走勢與總合物價水準的走勢，方向正好相反。
當物價水準上升時（通貨膨脹期間），貨幣的價值是下跌
的；而當物價水準下跌時（通貨緊縮期間），貨幣的價值則
是上升的。（請見圖2-1）

圖2-1　貨幣的三種「價格」

1. 相對於**時間**（精確地說，相對於債券等借據）的價格 ➞ **利率**
2. 相對於**外國通貨**的價格 ➞ **匯率**
3. 相對於所有**貨品及勞務**的價格 ➞ **總合物價水準**
　　　　　　　　　　　　　　　　　　　　　（**物價平減指數**）

---

* 編按：貨幣的價值（或價格）以貨品及勞務來計算，是指：如果
一支冰棒售價10元（這是貨品以貨幣來計算的價格），則1元可
以買到0.1支冰棒（這是貨幣以貨品來計算的價格）。

　　因此，貨幣**數量**的變化可能影響到這三項變數——也就是，貨幣的三種「價格」。一個國家的中央銀行靠著印製更多的貨幣注入經濟體內，就可以增加貨幣的供給。當貨幣供給增加，經濟學家通常都預期利率會下降。雖然對於到底是什麼力量在推動利率變動，並沒有明確的共識，但有一種想法是：一種貨品的數量增加了，就有價格下跌的傾向。就像如果中東國家抽取更多的石油供應到市場上，國際油價會傾向於下跌，同理如果中央銀行注入更多的貨幣到國內經濟中，取得貨幣的價格（利率）會傾向於下跌。

　　相類似地，當一個國家的貨幣供給增加，經濟學家通常預期這一國的匯率會貶值。匯率的決定，就像利率的決定一樣是很困難、且充滿爭議的主題，所以不可能在此處探討各種不同的理論。然而，我們可以便宜行事地將它單純以供給和需求來思考。會影響一種通貨的供給與需求的任何因素，都會影響到它的匯率。例如，如果美國製造業開始更重視品質，使得美國的貨品在全球都更具吸引力，則美元的需求很可能會增加（因為人們需要美元去買美國貨）。又例如從供給面來看，如果流通中的美元數量，相對於其他國家的通貨是增加的，那麼以其他通貨計算的美元價格將會下跌（貶值）。（更多關於匯率的討論，請見第七章）

　　現在我們來看第三項變數——總合物價水準——及其與貨幣的關係。經濟學家通常將貨幣供給的增加——尤其是貨幣供給的大幅增加——視為通貨膨脹。換句話說，貨幣成長有推升物價水準的傾向。如果消費者的口袋和銀行帳戶裏有更多的現金，常常會找到買東西的新藉口。但是除非貨品及勞務的供給也同時增加，否則消費者對產品的需求突然增加，只會將物價推高，因此引發通貨膨脹。經濟學家有時候會說，當「太多的貨幣追逐太少的貨品」（too much money is chasing too few goods）的時候，通貨膨脹就上升了。

　　這些因果關係個別看來，都相當清楚明白。每一項也都是對稱的：當貨幣供給增加，會傾向於壓低利率、匯率貶值及推升物價水準；貨幣供給減少時，傾向於推升利率、匯率升值及壓低物價水準。（請見圖2-2）

圖2-2　貨幣：典型的因果關係

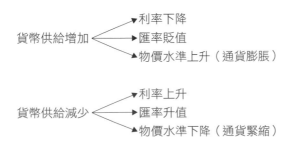

名目 v.s. 實質

　　貨幣及其他總體經濟變數之間的這些關係，在變數彼此發生互動時，會變得更複雜。有個很好的例子是，當利率與通貨膨脹之間發生互動的情況。雖然我們預期貨幣供給增加會將利率拉低，但是我們也預期它會推升通貨膨脹，而通貨膨脹會促使長期利率（而短期利率最終也會受到影響）**升高**，而不是降低。要了解其原因，首先必須了解總體經濟學裏一組對立的概念：名目（nominal）與實質（real）。

名目 GDP v.s. 實質 GDP

　　我們從名目 GDP 與實質 GDP 開始探討。在通貨膨脹期間，所有的價格都是上升的趨勢，GDP 也會上升，即使貨品及勞務的生產並沒有增加。這是因為 GDP 是以目前的（市場）價格表示的。我們先回顧一下 GDP 的計算：在計算 GDP 的時候，統計官員們將一年內經濟體所生產的最終貨品及勞務的價值，全部加總起來，而這些貨品及勞務的價值是以它們的售價計算的。

　　在此舉個例子說明。假設一個小島經濟體只生產兩種最終貨品，椰奶和稻米。再假設，2005 年該小島共生產了 100

萬加侖的椰奶，每加侖以 10 小島元售出，以及 200 萬磅的稻

米，每磅以 4 小島元售出。計算後顯示該島 2005 年的 GDP 為

1,800 萬小島元（請見表 2-1）。現在假設因為某種原因，這個

小島在 2006 年還是生產了 100 萬加侖的椰奶及 200 萬磅的稻

米，但是這些產品的價格卻漲了一倍，分別為每加侖 20 小島

元，及每磅 8 小島元。很自然地，這個經濟體在 2006 年的

GDP 增加為 3,600 萬小島元，雖然其真實產出（亦即所生產

的椰奶加侖數及稻米磅數）一點也沒有增加（請見表 2-2）。

在這個例子當中，我們可以說該島國的通貨膨脹率為 100%

（因為物價上漲了一倍），其名目 GDP 也增加了 100%（從

表 2-1　2005 年小島經濟的最終產出（小島元現值）

產出	數量	價格	最終產出的價值
椰奶	100 萬加侖	10 小島元／加侖	1,000 萬小島元
稻米	200 萬磅	4 小島元／磅	800 萬小島元
			1,800 萬小島元（＝ 2005 年 GDP）

表 2-2　2006 年小島經濟的最終產出（小島元現值）

產出	數量	價格	最終產出的價值
椰奶	100 萬加侖	20 小島元／加侖	2,000 萬小島元
稻米	200 萬磅	8 小島元／磅	1,600 萬小島元
			3,600 萬小島元（＝ 2006 年 GDP）

1,800萬小島元增加為3,600萬小島元），但是該島的**實質**GDP（亦即經過通貨膨脹調整後）並沒有任何改變。

　　第一章曾提到，總體經濟學家非常注重一個經濟體生產的貨品及勞務的數量。這是因為一個國家生產愈多的貨品及勞務（當人口數量不變），在那個國家中生活及工作的人們，其生活水準就愈高。**名目**GDP的增加，可能是因為**價格**或是**數量**的改變造成的，而**實質**GDP的增加只可能來自**數量**的變化。換言之，實質GDP衡量的是，一個國家在一年內所生產的全部最終貨品及勞務的**數量**。另一種表達的方式是下列恆等式：

名目GDP ＝ P × Q

　　P表示總合物價水準（或物價平減指數），而Q表示最終產出的總數量（實質GDP）。

　　再重申一次，一個國家的富裕是靠實質GDP（Q），而不是名目GDP（P × Q）。就像我們在小島經濟的例子中所見到的，當名目GDP的增加純粹是因為價格改變所致，則居民的福利不會比以前增加，因為他們能使用的真正的貨品及勞務並沒有增加。只有當人們可取得的貨品及勞務有所增加──因為Q的增加──人們的福利才會增加。

　　每年 GDP 的計算還有一種方法，是使用固定的一套價格。在小島經濟的例子裏，可以將 2005 年的價格（椰奶每加侖 10 小島元，稻米每磅 4 小島元）套用在 2005 年及 2006 年生產的產出上。這樣做的結果是：2005 年的實質 GDP 為 1,800 萬小島元，2006 年的實質 GDP 也是 1,800 萬小島元，正確反映出產出數量沒有增加的事實。

　　很自然地，2005 年及 2006 年的物價平減指數（P）可以立即計算出來，因為這兩年的名目及實質 GDP 我們都知道。任何一年的

$$物價平減指數（P）＝\frac{名目\,GDP}{實質\,GDP（Q）}$$

　　這表示物價平減指數（P）從 2005 年的 1.00（即 1,800 萬小島元／1,800 萬小島元），增加到 2006 年的 2.00（即 3,600 萬小島元／1,800 萬小島元），正確反映出這島國在兩年之間物價上漲一倍的事實❷。（請見表 2-3）

　　更常見的是，我們會看到名目及實質 GDP 都上升，但是名目 GDP 上升得比較快。這表示國家總產出是增加的，但是也出現了通貨膨脹。例如，1980 年到 2000 年美國的名目 GDP 平均每年成長 6.5%，而實質 GDP 平均每年成長 3.3%。

表2-3　小島經濟：2005-2006年的名目GDP與實質GDP

年	名目GDP	＝ 物價平減指數（P）×	實質GDP（Q）
2005	1,800萬	1.00	1,800萬（2005年小島元）
2006	3,600萬	2.00	1,800萬（2005年小島元）

每年通貨膨脹率（大約等於名目GDP成長率和實質GDP成長率之間的差距）平均為3.1%，表示物價平均每年上升3.1%（請見表2-4）。因此，要說明1980年代及1990年代美國經濟的特色，其中一個方式就是說，在這段期間名目GDP的成

表2-4　1980-2000年美國經濟的表現

	1980	2000	1980-2000 CAGR[a]
名目GDP（P×Q）	27,895億美元	98,170億美元	6.5%
實質GDP（Q）， 依2000年價格計算	51,617億美元	98,170億美元	3.3%
GDP平減指數（P）， 2000年為100	54.0	100.0	3.1%

[a] CAGR為「複合年成長率」（compound annual growth rate），
　CAGR的計算公式如下：

$$CAGR = \left[（期末值／期初值）^{[（1／（期末年－期初年））]} － 1\right] \times 100\%$$

這個公式是從下列成長公式所導出：

$$期末值＝期初值 \times （1+r）^{（年數）}$$

r表示該變數的每年平均成長率。

長，其中的一半再多一些，可歸因於數量（實質 GDP）上的
增加，其餘則是因為物價的上升（通貨膨脹）。如果通貨膨
脹不存在，名目 GDP 的成長與實質 GDP 的成長，就會正好
相等。

名目利率 v.s. 實質利率

名目與實質的區分，同樣可以應用在利率上。名目利率
是你在銀行或報紙上可以看到的利率。如果你向銀行借 1,000
美元，期間為 1 年，名目利率為 5%，那麼在一年結束時，你
欠銀行的錢就是 1,050 美元（亦即，原先的 1,000 元本金加上
1,000 元 ×5% 也就是 50 元的利息）。例如，2005 年美國銀行
間隔夜拆款的名目利率（就是所謂的聯邦資金利率）平均為
3.22%，美國十年期政府公債的名目利率為 4.29%，而十年期
房貸的名目利率為 5.94%。（第一種利率，隔夜拆款利率，是
短期利率；第二及第三種利率則是長期利率。❸）

我們前面已經提過，名目利率有隨著通貨膨脹一起上升
的傾向。如果銀行在預期沒有通貨膨脹的情形下，對放款收
取 5% 的利息，當預期會有 3% 通貨膨脹時，它將會收取 8%
的利息。在後面這種情況下，名目利率為 8%，而所謂的**實質
利率**則維持在 5%。實質利率與名目利率之間的關係，大致上

可以表示如下：

實質利率（i_R）＝名目利率（i_N）－預期通貨膨脹（P^e）

簡單地說，實質利率代表經過通貨膨脹調整後，貸款的有效利率。

名目利率會隨著通貨膨脹而上升，因為放貸者關切的是他們對實質產出的支配能力，而不是對貨幣的支配能力。例如，我們想像一位名叫比爾的酪農，他同意借給鄰居湯姆10頭乳牛，期間為一整年，條件是湯姆在年底時必須還回這10頭乳牛，外加1頭乳牛。這就構成了一筆利率為10%的一年期借貸。現在，假設湯姆在年底清償了這筆借貸（付給比爾11頭乳牛），還想再向比爾以同樣的10%利率借10頭乳牛，期間還是一年。唯一的不同是，這次他提議以貨幣來清償這筆借貸，而不是返還乳牛。由於在協議當時，一頭乳牛為1,000美元，湯姆承諾在年底會付給比爾11,000美元。比爾覺得這聽來很合理，便答應了這項借貸交易。然而，對比爾而言不幸的事情發生了，那一年乳牛的價格上漲了10%，原本一頭乳牛是1,000美元，現在漲到1,100美元。結果，當湯姆在年底以11,000美元清償了借貸，比爾用這筆錢只能買到10頭乳牛，而不是11頭。這就如同比爾無息借給湯姆10頭乳

牛一整年！

　　對於上述的第二次借貸，經濟學家的說法是名目利率為10%，但是實質利率為0%。對比爾來說，要維持有效（實質）利率10%——也就是用產出來計算而不是以貨幣來計算——他必須提高名目利率到大約20%（精確地說是21%）。以21%的名目利率，湯姆必須在年底返還12,100美元（11,000美元的本金加上1,100美元的利息），這才足以讓比爾在年底時以每頭1,100美元的新價格買到11頭乳牛（1,100×11＝12,100）。從這個例子，我們很容易就可以看出，如果乳牛的價格上漲了十分之一（亦即，乳牛的通膨率為10%），比爾必須將名目利率（以貨幣計算）提高大約一倍，才能維持住10%的實質利率（以乳牛計算）。

　　經濟學家在評估一個經濟體的借貸成本是高或低，通常會看實質利率而不是名目利率。再一次地，這是因為最重要的是產出，不是貨幣。

　　很明顯地，在沒有通貨膨脹的情形下，1,000%利率的借貸會很難償還。如果你今年以1,000%的利率借了20,000美元，將必須在明年償還220,000美元（20,000美元的本金加上200,000美元的利息）。因為通貨膨脹為零，實質及名目利率都會等於1,000%。為了今年要多消費20,000美元價值的產

出，明年就必須放棄220,000美元價值的產出。用任何標準來看，這都是非常昂貴的借貸❹。

但是如果通貨膨脹本身也達到1,000%，對大部分的借貸者而言，1,000%的名目利率就不再是重擔了──事實上，看起來還非常便宜呢──因為薪資及物價都會上漲1,000%。在這第二種狀況下，名目利率仍然是1,000%，但實質利率（也就是名目利率減去通貨膨脹）將會下降到零。結果，在1,000%通貨膨脹的環境下，以1,000%利率借到錢的人真是走運了，他們簡直是不用付利息。因為以實際買到的東西來計算的話，220,000美元的還款和最初借到的20,000美元是相等的❺。（請見表2-5）

表2-5 案例：實質利率v.s.名目利率

	放款名目利率 （牌告利率）	通貨膨脹率	實質利率	實際的借款成本
第一種情境	1,000%	0%	1,000%	非常高
第二種情境	1,000%	1,000%	0%	非常低

這些都了解之後，我們現在可以開始重新討論為什麼貨幣成長與利率之間的關係，並不那麼明確。通常，中央銀行增加貨幣供給時，經濟學家會預期利率──尤其是短期利率

──會下降。然而，貨幣供給增加──特別是大幅增加的情形──也會燃起對通貨膨脹的預期，進而會使長期名目利率有升高的傾向。如果通貨膨脹真的發生了，最後短期名目利率也會跟著上升。因為這兩個相互矛盾的力量（一個向上拉，一個向下壓），貨幣供給的大量增加對於名目利率的最終影響，是不確定的。實質利率很可能會下跌；短期名目利率幾乎可以肯定會立刻下跌，但如果通貨膨脹發生了，過一陣子它就會上升。而長期名目利率可能會下跌、上升或維持不變，主要是看人們對於通膨的預期程度如何。（請見圖2-3）

圖2-3　貨幣成長、通貨膨脹及利率（名目 v.s. 實質）

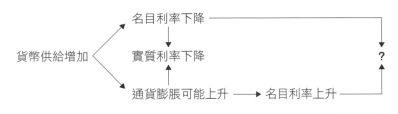

名目匯率 v.s. 實質匯率

名目與實質之間的區分也可以應用在匯率上。如果一個國家的通貨膨脹上升得比其他國家快，即使該國的名目匯率

是貶值的，但是實質匯率可能貶值沒那麼多（甚至可能升值）。

要了解其原因，我們應該從名目匯率開始談起。之前已經介紹過，如果一個國家的通貨相對於其他國家的通貨貶值了，那麼對於外國人來說，該國的貨幣變得便宜了，因而會使該國的貨品及勞務對外國人來說也變便宜，可以誘使外國人多多購買該國的產出。而在此同時，自己的國民會發現外國的通貨變貴了，也會使他們對進口品的購買因而卻步。就此意義而言，一個國家通貨貶值，被視為有利於其貿易收支（因為出口可能會增加，進口可能會減少）。

舉個簡單的例子說明，可以幫助大家更了解。假設日圓對美元匯率為100（亦即，100日圓換1美元），日本製的計算機在日本的價格為900日圓，美國製的計算機在美國價格為10美元。如果運輸成本非常低，美國人將會偏好進口日本製的計算機，因為在現行匯率之下，日本製的計算機只要9美元（再加上很低的運費），相對之下，美國製的計算機卻要10美元。現在假設美元貶值了20%，使得日圓對美元的匯率變成80。如果這兩個國家製造的計算機其國內價格都不變，美國人將會開始買美國計算機，因為日本計算機現在是11.25美元（亦即，900/80）再加上運輸成本，而美國計算機仍然

是10美元。在此同時，日本人現在也會偏好購買美國製的計算機，因為它們在新的匯率下，只需要800日圓（再加上運輸成本）。因此，在美國通貨貶值之後，美國的進口會減少，而出口會增加。（請見表2-6）

表2-6 名目美元貶值前後的計算機成本，分別以美元和日圓計算

	日圓對美元匯率	美製計算機成本（美元）	美製計算機成本（日圓）	日製計算機成本（日圓）	日製計算機成本（美元）	向哪一國購買計算機
美元貶值前	100	10	1,000	900	9.0	日本
美元貶值後	80	10	800	900	11.25	美國

但是如果美國在同一時間發生了通貨膨脹，其結果就不是這樣了。假設，在前面的例子中，美元貶值20%（跌到日圓對美元匯率為80），但是此時美國發生了30%的通貨膨脹，而日本則沒有通貨膨脹。因為美國通貨膨脹的上升，美國製的計算機可能就漲價了30%，變成13美元，換算成日幣為1,040日圓（以匯率80計算）。由於日本製的計算機仍然是900日圓，換算成美元是11.25美元（以匯率80計算），日本

人和美國人都可能轉而購買日本製的計算機。美國的進口將
會增加,而出口將會減少——就好像美元升值的情形一樣。
事實上,雖然其**名目匯率**是**貶值**了20%,其**實質匯率**(經過
通貨膨脹調整後的有效匯率)實際上是**升值**的,因為通貨膨
脹率(相對於日本)上升了超過20%。

　　實質匯率與名目匯率之間的關係,在這個例子中可以約
略以下列方式來表示(這可以套用在任何兩個國家,不只是
美國和日本):

%△ 實質匯率(日圓／美元)

≒ %△ 名目匯率(日圓／美元)

−(日本通貨膨脹%−美國通貨膨脹%)

　　為了方便起見,如果假設外國通貨膨脹是零,那麼(重
整上式之後)我們也可以說,一個國家的通貨實質升值大約
等於該國的通貨膨脹率減去其名目貶值率,也就是:

通貨X的實質升值

＝X國的通貨膨脹率

−通貨X的名目貶值

上述所有的變化都以百分比表示(請見表2-7)。

表2-7 名目匯率v.s.實質匯率──四種情境

	日圓對美元名目匯率的變化（%）	日本的通貨膨脹率	美國的通貨膨脹率	日圓對美元實質匯率大約的變化（%）	對美國貿易收支的預期影響
情境1	−20%（美元貶值）	0%	30%	10%（美元升值）	不利（貿易收支↓）
情境2	−20%（美元貶值）	0%	20%	0%	中性
情境3	−20%（美元貶值）	0%	10%	−10%（美元貶值）	有利（貿易收支↑）
情境4	−20%（美元貶值）	30%	30%	−20%（美元貶值）	有利（貿易收支↑）

　　雖然實質匯率的概念對許多企業經理人及投資人而言，仍相當陌生，但是從事國際交易如果不懂這個，會有相當大的風險。只要看一個案例就好，在1990年代初期，當美國蜂擁進入墨西哥投資時，許多美國的基金經理人很慶幸墨西哥是釘住名目匯率制（pegged nominal exchange rate），並且視之為他們投資的保護傘❻。但是他們似乎完全沒注意到墨西哥的實質匯率快速升值，這樣的升值肇因於一方面釘住美元，而另一方面通貨膨脹率又比美國高出許多。可以肯定的是，墨西哥披索劇烈的實質升值，警示了即將發生的大災難，它會損害了墨國的貿易部位，因而使墨西哥更加依賴不

斷擴大的海外資本流入。對此有相當了解的投資人已經體認到，大幅的實質升值預示了名目匯率將大幅貶值（因而他們手上的以披索計價的資產，其美元價值將大幅下跌）。然而，大多數的投資人顯然都受到驚嚇了——而且遭受重大損失——在1994年下半年開始的貨幣危機發生時，披索泡沫破滅了。很明顯地，實質匯率的觀念，不只在學術上可靠，在商業交易上也完全具備實務上的顯著性。（請參見以下的「實質匯率與外國投資」）

實質匯率與外國投資

　　所有從事國際貿易或投資的企業經理人，都必須對實質匯率（及其如何影響企業銷售額與利潤）有基本的了解。

　　舉例來說，假設現在有一家美國行動電話公司，其中負責中國子公司的一位經理人，因為中國（如同許多開發中國家）的匯率本質上是釘住美元的，該經理人如果夠聰明的話，就應該認真考慮，中國通貨膨脹突然高漲的話會產生什麼樣的影響。畢竟，如果中國國內物價上漲幅度大於美國，那麼人民幣相對於美元在實質上就是升值的，即

使名目匯率（也就是我們在網站及報章上看到的匯率）仍穩如磐石，死守官方釘住的匯率。

　　人民幣的實質升值，會對於在中國的子公司產生三項（可能是互相矛盾的）效果：

1. 它將面臨進入中國市場的外國進口貨的更激烈的價格競爭
2. 它將面臨外國生產者在海外市場的更激烈的價格競爭
3. 它在中國境內賺得的利潤匯回母國時，會有比較有利的有效匯率。

　　顯然，前兩項效果對這個子公司是相當負面的，而第三項則是正面的，只要還有獲利可以匯回母國的話。

　　美國公司在中國的子公司會面對更激烈的價格競爭，原因在於中國通貨膨脹上升的結果，會使得該子公司面臨更高的生產成本（包括更高的工資及更高的當地原物料價格）。如果該子公司以提高售價的方式，嘗試將這些升高的成本轉嫁給消費者，那麼它就會有失去市場占有率（中國境內和境外的市場）的風險，輸給那些在產地沒有相對價格上漲的其他美國（及其他國家）的廠商。

　　面對人民幣的實質升值，這家子公司的經理人會面臨

兩個選項:一個是壓縮利潤以保住市場占有率,另一個是讓出市場占有率以維持毛利率。不管是哪個選項,對該子公司最後的盈餘都是壞消息。

事實上,唯一可能的好消息是盈餘匯回母公司的部分。如果子公司在實質升值前的銷售毛利為10%,假設他後來想辦法維持住了這個毛利率(這肯定相當不容易),現在仍是同樣的10%;而因為中國通貨膨脹,以名目人民幣計算的話,數字會大得多。而因為名目匯率釘住美元(官方匯率不變),在匯回母國時,較大數目的人民幣當然就換成較大數目的美元了。

重點在於,因通貨膨脹引發的實質升值,其效果會很類似名目匯率的升值效果,既有好處也有壞處,即使名目匯率並沒有變動。不幸的是,很多企業經理人——尤其是那些國際市場經驗不足的——仍然對名目匯率變化的注意多於對實質匯率變化的注意,即使後者在決定他們企業的健全及活力上是同樣重要的。

我們在後續章節(以及第七章)會再談到匯率。但是現在值得我們注意的是,名目—實質的不同是如何影響貨幣成長、匯率及貿易收支之間的關係。如同先前已經提過,一個

國家的貨幣供給大幅增加可能會造成該國名目匯率貶值。但是大幅的貨幣成長也會引起國內通貨膨脹，而這又會導致實質匯率向另一個方向移動。關鍵問題是：國內通貨膨脹是否大於匯率貶值——或是更精確地說，本國與外國的通貨膨脹差異，是否大於本國相對於外國通貨的貶值幅度。如果通貨膨脹率的差異（本國的減去外國的）超過名目匯率的貶值幅度，那麼實質匯率會升值，因而對貿易收支產生向下的壓力。如果通貨膨脹率的差異小於名目匯率的貶值幅度，則實質匯率會貶值，對貿易收支產生向上的壓力。（請見圖2-4）

圖2-4　貨幣成長、通貨膨脹及匯率（名目 v.s. 實質）

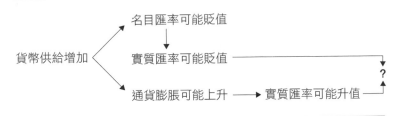

貨幣幻覺與工資的僵固性

在經濟學的理想世界裏，個人永遠都能分清楚經濟變化是實質的，或僅是名目上的變化。如果一名工作者的薪資增

加了，增加的幅度恰好等於整體物價水準上漲的幅度，她會發現她的購買力並未因此而有所改變。即使她每月薪資單上的數字，以名目上來看是變多了，她並不能買到比以前更多的貨品及勞務，因為那些東西的漲價幅度，恰恰等於她薪資增加的幅度，因此她的實質薪資是不變的。

雖然在原理上，這樣的區別應該是很清楚，但在實務上，卻可能是模糊的。一個潛在的問題是——這在經濟學者之間還有爭議——許多個人因為「貨幣幻覺」（money illusion）而受害。也就是說，他們有時似乎在意名目價值甚於實質價值。例如，工作者可能在乎他們的名目工資，更甚於他們實質的購買力。如果這是真的，貨幣幻覺將有助於解釋為何名目工資會有僵固的（sticky）傾向，尤其是向下調整時很沒有彈性。當物價上漲時，工作者可能無法要求到足夠的加薪，以防止通貨膨脹削弱他們的購買力。然而，當物價下跌時，同樣的這些工作者可能——如果受到貨幣幻覺的影響——激烈地反對任何減少名目工資的建議，即使它們的實質購買力因為通貨緊縮已經大幅增加了。

有些經濟學家將工資的僵固性（wage stickiness）視為通貨緊縮（物價下跌）期間失業的原因之一。如果工作者在這樣的時期拒絕接受較低的名目工資（因為他們受到貨幣幻覺

的影響），則他們的實質工資在物價下跌時將會大幅上升。最後，實質工資會達到雇主無法繼續負擔的程度，而工作者就會被解僱了。如果工作者把焦點放在維持他們的實質工資，而不是他們的名目工資，可能就能保住飯碗了。

貨幣幻覺的概念可以追溯到很久以前。1928年，美國經濟學家費雪（Irving Fisher）出版了一本探討這個主題的書籍❼。雖然今天很少經濟學家將貨幣幻覺視為工資僵固性的一個主要來源，然而它代表一個早期（對比於現在）的解釋，說明為何工資在實務上無法如理論上那樣快速的調整。

貨幣與金融

到目前為止，我們對貨幣做了不少的討論，但是對它從何而來或它出現的型態，卻未多加著墨。

在大部分的國家中，只有政府可以發行通貨（currency），通貨是「法定貨幣」（legal tender），因此是法律規定用於所有債務的支付時必須接受的支付工具。一元美鈔上就印了這樣的文字：「這張紙鈔是所有債務，無論是公共或私人債務，的法定貨幣。」（This note is legal tender for all debts, public and private.）因此通貨是許多交易的一個非常可靠及方

便的支付工具。通常，要發行多少數量的貨幣，是由一國的
中央銀行（central bank）負責決定的。美國的中央銀行稱為
聯邦儲備（Federal Reserve）。如果你再檢視一元美鈔的另一
面，你會看到在最上面印有「聯邦儲備紙鈔」（Federal
Reserve Note）的字樣，代表這張紙鈔是聯邦儲備的債務❽。

　　雖然貨幣的發行數量是由中央銀行決定的，但必須注意
的是，能創造貨幣的不只是中央銀行而已。商業銀行
（commercial bank）也扮演了關鍵的角色。因為通貨並不是貨
幣唯一的型態。根據貨幣供給（舉大家熟知的M1）的標準
定義，支票存款也是貨幣的一種，因為支票也是大家廣泛接
受的支付工具，且具有很高的流動性──也就是說，支票很
容易轉換成通貨。

　　因為支票存款容許帳戶的持有人隨時可以提領，或是轉
成存款，經濟學家通常稱這些帳戶為「活期存款」（demand
deposits）。活期存款是貨幣供給中一個重要成分。美國在
2005年底，流通中的通貨（1美元紙鈔、5美元紙鈔、10美
元紙鈔……等等）總額為7,240億美元。而同一時間點，銀
行及儲蓄機構所擁有的活期（及其他可以開支票的）存款總
額為6,380億美元。就如先前提過的，貨幣供給M1包括兩個
項目：流通中的通貨及活期存款，這兩項都是廣泛使用的、

也是廣泛被接受的支付工具❾。

　　由於支票存款是貨幣的一個重要成分，商業銀行在貨幣創造上就占有很重要的角色。貨幣供給不光只是流通中的通貨而已，商業銀行透過吸收存款，並將所收到的資金大部分都貸放出去，實際上，商業銀行擴大了貨幣供給。

　　舉例來說，假設你到銀行存100美元現金到你的支票存款帳戶中。這個時候，整體的貨幣供給量並沒有改變，只是，曾經在你口袋裏的這100美元，現在變成是存在你的支存帳戶裏的100美元。然而，在大部分的情形下，銀行會很快地貸放出去大部分的現金，只保留法定準備（法規要求銀行要保留10%現金做為準備）。貨幣供給現在就會增加了。你的100美元是活期存款的型態，而某人從銀行借了假設是90美元（這原先是你口袋裏的錢），這人所擁有的是90美元的現金型態。因此，貨幣供給就增加了90美元。然而，你可能會猜到，這樣的過程不會就此停止。如果借錢的人用那筆現金去買東西，賣東西的人把收到的錢又存入銀行，那麼這個過程會再重複一遍，更多的貨幣就會被創造出來。

　　要知道以新增的存款可以創造出多少貨幣，經濟學家用所謂的**貨幣乘數**（money multiplier）來計算。貨幣乘數為未貸放出去（也稱為存款放款過程中的漏損〔leakage〕）的比

率的倒數：

　　貨幣乘數＝1／（漏損率）

　　如果銀行總是能將90%的存款資金貸放出去，而所有貸出的資金最後又都回存進銀行，那麼漏損率為10%（或0.10），貨幣乘數就是10（即1／0.10）。這表示，經過存款及放貸的過程，1元的通貨最後可以變成M1總數中的10元。（在實務上，存款乘數遠低於10，主要是因為個人不會將所有的現金存入支票帳戶，這也表示漏損率會遠高於10%。即便如此，銀行仍然是創造貨幣的重要角色。）

　　這個機制中一個明顯的問題是，如果每個在銀行有存款的人，在同一時間都到銀行提取現金，銀行將無法履行義務，因為銀行將大部分的資金都貸放出去了。在正常狀況下，這不是個問題，因為每天的提款總額相對上都不大，因此都可以處理。但事實就是，如果發生同時間有很多存戶要求提領現金（可能為了某種原因大家都同時需要用錢，或者因為害怕銀行出問題要把錢提走），那麼銀行就會破產了。這就是所謂的銀行擠兌（bank run）或銀行恐慌（bank panic）。美國在1933年引進聯邦存款保險之前，金融恐慌簡直是美國經濟生活中的家常便飯。

央行業務的藝術與科學

雖然商業銀行確實可幫助創造貨幣，但是對總體經濟學家來說，中央銀行更重要，因為央行有權可以擴張或緊縮貨幣供給。中央銀行可以按自己的意思片面地創造貨幣，也可以消滅它。

大多數的情形下，**今天的央行官員將短期利率，而非貨幣供給本身，視為貨幣政策的主要工具**。他們最典型的做法，是操控貨幣供給數量來產生他們想要的利率。如果一國的央行理事們，決定要將銀行間隔夜拆款利率從3.0%降低到2.5%，就會做改變政策的宣布，增加貨幣數量到足以使隔夜拆款利率下降到2.5%。**事實上**，如果中央銀行的可信度很高，宣布本身就足以使利率掉到2.5%。即使如此，中央銀行仍可能會加快貨幣成長的速度，以便支撐住新的利率❿。

儘管短期利率是如此重要，實際上貨幣才是中央銀行最直接控制的因素。事實上，中央銀行對貨幣基數（monetary base）是完全（獨占性）控制的，包括整個國家的通貨供給；而央行能夠使利率變動，也完全是因為這種控制才能做到。如果政府放棄了控制法定通貨的獨占權，中央銀行訂定短期利率的能力也會隨之消失。

　　這有點像是汽車上的加油踏板與速度表之間的關係。當
駕駛人想要車速加快時，會踩加油踏板並監看速度表。雖然
讓汽車跑得快的是增加給引擎的油量，但是駕駛人設定的目
標通常是速度（時速），而不是每小時的油量。在貨幣政策
中，雖然貨幣是讓汽車行進的汽油，央行官員通常是將短期
利率當作是他們的主要政策工具，而不是貨幣供給本身。

　　原則上，央行官員用貨幣政策可以達到許多不同的目
標。如果他們相信GDP成長太慢了，或是失業率太高了，他
們可以降低利率來刺激經濟活動。相反地，如果他們認為
GDP成長太快且難以持續，以致通貨膨脹太高或是即將變得
太高（景氣過熱），他們也可以提高利率。他們也能以特定
的匯率當作目標，在該國通貨相對於其他國家通貨貶值的時
候，就提高利率，而在該國通貨相對價值上升時，去降低利
率。

　　實務上，大部分的央行官員都很注意下列目標——有活
力但能持續的GDP成長、低失業率、低通貨膨脹、穩定的匯
率等等。但是請注意，這些目標之間常常會有取捨關係。例
如，某國的央行為了抑制通貨膨脹而提升利率，這將會同時
減緩了GDP成長、提高了失業率，菲利浦曲線（Phillips
curve）即呈現出這樣的取捨關係（請見以下的「菲利浦曲

線」）。而利率上升會造成該國通貨升值，因而使得出口減少，弱化了國內經濟。很明顯地，不可能同時達到全部這些目標。近年來，大部分的央行官員似乎都將低通貨膨脹，當作是他們最主要的政策目標。

菲利浦曲線

　　1958年，經濟學家菲利浦（A. W. Phillips）發表了一個重要的研究報告，展示出通貨膨脹與失業率之間的反向關係。這項研究的根據是英國將近一百年的工資與失業數據。他最主要的發現是：高通貨膨脹率通常都伴隨著低失業率，反之，低通貨膨脹率通常伴隨著高失業率。菲利浦曲線以圖形表達出通貨膨脹與失業率之間的取捨關係，使得菲利浦教授聲名大噪。菲利浦找到的這項關聯性，後來受到其他頂尖經濟學家的質疑，包括傅利曼（Milton Friedman）及菲爾普斯（Edmund Phelps），他們強調通貨膨脹的預期心理，以及菲利浦曲線隨著時間而移動的可能性。雖然決策者以積極的財政政策或貨幣政策刺激通貨膨脹，能夠將失業率暫時壓到「自然失業率」之下，但是人們很快就會調適到較高的通貨膨脹預期，而失業率也會

回升到「自然失業率」（但是現在的通貨膨脹率已是比較高的）。1970 年代的「停滯性通貨膨脹」（stagflation）已證明了通貨膨脹和失業率是會同時升高的，至少在某些特定的情況下可以同時升高。

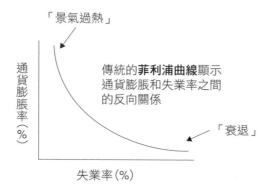

雖然菲利浦的模型經過了幾次慎重的改善，原始菲利浦曲線的修正版——常被稱為「預期心理升高」的菲利浦曲線（"expectations-augmented" Phillips curve）——至今仍是現代總體經濟思想中的重要課題。

我們在第三章及第四章會再回來討論中央銀行提高及降低利率，是想要達到什麼目標的問題。然而，我們要先來看看他們手上有什麼可用的工具。

貨幣政策的三項基本工具

　　傳統上，總體經濟學家強調三項貨幣政策的基本工具。
首先，中央銀行有權力選擇用任何利率借錢給商業銀行。這
個利率在美國稱為「貼現率」（discount rate），為貨幣政策的
三種基本工具之一。中央銀行藉由降低貼現率，鼓勵商業銀
行向央行借錢，商業銀行可以將這些借來的錢，用較高的利
率再貸放出去，賺取利潤。當商業銀行來借錢時，中央銀行
就發行新貨幣給那些銀行，因此，增加了貨幣供給。而因為
貨幣乘數（根據反覆地存錢與借錢的過程），一開始時增加
的**貨幣基數**（即中央銀行發行的貨幣），最後將使得M1（流
通中的通貨加上活期存款）成長得更多。在這個方式中，中
央銀行利用降低貼現率，可以增加貨幣供給。相反地，中央
銀行提高貼現率，則可以緊縮貨幣供給（或減緩貨幣供給的
成長）。

　　央行管理貨幣供給的另一項工具是銀行存款的**法定準備**
（reserve requirement）。法定準備是由中央銀行訂定，規定銀
行的每筆存款必須提作準備（因此不能貸放出去）的比率。
由於法定準備代表存款及放貸過程中的漏損，法定準備愈
高，貨幣乘數就愈小，因而會降低貨幣供給。相反地，較低

的法定準備會提高貨幣乘數，進而擴張貨幣供給。在先前所舉的例子中，我們假設除了法定準備10%之外，沒有任何漏損，貨幣乘數為10（即1／0.10）。從貨幣基數100美元開始，經過存款及放貸的過程，結果會使貨幣供給M1擴張到1,000美元。如果中央銀行降低法定準備到5%，貨幣乘數將會提高到20（即1／0.05），而M1會擴張到2,000美元。反之，如果中央銀行將法定準備提高到20%，貨幣乘數會下降到5（即1／0.2），而M1將縮小到只有500美元（請見圖2-5）。重點是，中央銀行可以調整法定準備，透過貨幣乘數，而影響貨幣供給。

圖2-5　貨幣政策的三項工具

貼現率

貼現率↑→商業銀行借款↓→貨幣基數↓→貨幣供給↓
貼現率↓→商業銀行借款↑→貨幣基數↑→貨幣供給↑

法定準備

法定準備↑→漏損↑→貨幣乘數↓→貨幣供給↓
法定準備↓→漏損↓→貨幣乘數↑→貨幣供給↑

公開市場操作

公開市場購買→注入流動性→貨幣基數↑→貨幣供給↑
公開市場出售→收回流動性→貨幣基數↓→貨幣供給↓

　　最後，貨幣政策的第三項工具涉及央行在公開市場上購買及出售金融有價證券之行為，即所謂的**公開市場操作**（open market operations）。當央行要擴張貨幣供給時，會從民間金融機構手上買回政府債券或其他資產，注入現金到經濟體系中，這就是所謂的**公開市場購買**（open market purchase）。而當中央銀行想要緊縮貨幣供給（或減緩貨幣供給增加的速度）時，就會執行**公開市場出售**（open market sale），將資產賣給金融機構，因而從經濟體系收回現金。

　　在美國，公開市場操作是聯準會（the Fed）用以調整銀行隔夜拆款利率（在美國稱為聯邦資金利率〔federal funds rate〕*）最主要的方式。聯準會幾乎從不透過「貼現窗口」（discount window）借錢給商業銀行。事實上，貼現率幾乎只是個象徵符號，在美國貨幣政策中幾乎不扮演任何有意義的角色。而法定準備則會偶爾調整一下，但並不是常常用到。**公開市場操作則是聯準會企圖影響貨幣供給時會利用的主要機制**。然而，值得再次提醒，公開市場操作的目的——至少

---

* 聯邦資金利率為商業銀行彼此之間隔夜借款所收取的利率。之所以稱為聯邦資金利率，是因為通常銀行所借和所貸的資金（準備），都要存在聯邦準備銀行裏。儘管名稱是如此，聯邦政府並不涉入任何的借款或貸款行為。

在現在的環境下──通常是要促使特定的短期利率（例如聯邦資金利率）移動到想要的水準。以特定的貨幣目標（例如通常的貨幣供給成長率3.5%）為目的，過去雖然很盛行，尤其是在學術界，但是現在已經很少被視為目的了。

理論v.s.實務：一個警告

當你在思考這整本書當中所強調的經濟關係時，請記住一個重點，那就是它們意不在對現實做字面上的描述，而是在提供和現實做比較、以及解釋現實的基準。在經濟學家之間很喜歡用的一句話是ceteris paribus，意思是「假設其他情況不變」（with all other things constant）。如果貨幣供給上升時，其他因素都維持不變，我們可以預期利率會下降。但是，就如同大家都知道的，在現實生活中，其他因素很難維持不變。例如，假設正當聯準會執行公開市場購買，增加貨幣供給之際，全部的美國人突然都決定要持有更多的貨幣──放在皮夾裏、床墊下、支票存款帳戶中。也許他們只是聽到有重大恐怖威脅的警告，認為手上應該多一點現金比較好，即使這可能需要將一些資產變現，像是儲蓄債券或定期存單之類的。不管是哪種情況，對貨幣的需求上升了，這將會對利率產生向上的壓力，就像對石油（或其他產品）的需

求增加，會傾向於推升油價一樣。聯準會將會發現，雖然已經增加貨幣供給了，但它的行動被一股更大的貨幣需求力量給抵銷了，導致利率不降反升。

　　這個例子的重點是要提醒讀者，這本書（以及所有的經濟學教科書）中所描述的經濟關係，都不是自然界不變的定律。事實上，它們在實務上老是被打破。如果你檢視任何國家任何一段較長時間的貨幣供給與利率的數據資料，你就會發現一大堆情況是貨幣供給擴張而利率上升，以及貨幣成長減緩但利率下降，與經濟學教科書預測的結果恰恰相反。但這不表示學習這些經濟關聯性是無用的。剛好相反，只有透過認識基本的關聯性，你才能開始辨認出偏離規則的情況，而更重要的是，你可以開始為造成偏離的原因找到合理的解釋。

第 3 章

預期心理

　　總體經濟學最後一個重要主題是預期心理。對於未來的預期，在所有的市場經濟中都扮演核心角色，以各種不同的方式影響商業交易及決策。就如我們先前看到的，預期心理能驅使整個經濟向某個方向移動，甚至光是預期心理本身就能成事。如果存款人預期一家銀行要破產了，惶恐的存款人如果都一起去提款，這個預期就會成真。同樣地，對於整個經濟體而言，通貨膨脹的預期心理也能產生真的通貨膨脹；還有，如果預期經濟會衰退的人數夠多，經濟也會陷入衰退。總體經濟學家特別關注這些類型的預期心理。

　　好消息是，預期心理不是只能將經濟推往負面的方向，它也能推往正面的方向。有時候，這些有利的預期心理也會自行出現。也有時候，許多總體經濟學家相信，政府必須協助醞釀這種預期心理。事實上，對於預期心理的管理，很可

能是總體經濟政策最重要的目標，無論是貨幣政策或財政政策。

預期心理與通貨膨脹

很自然地，廠商或個人都不想成為通貨膨脹中的輸家。如果勞工預期在未來幾個月或幾年內消費者物價會上升，他們很可能會要求提高工資，以確保他們的實質所得——也就是，經過通貨膨脹調整後的所得——不會下跌。同樣地，如果廠商預期工資及其他生產性投入的價格會上升，很可能會提高價格以確保他們的獲利不會下降。當個人及廠商試圖保護自己免受**預期**物價上漲之害時，真實世界中的價格及工資將會因此而上升。就是以這樣的方式，通貨膨脹的預期心理有力地驅動了現實世界。

所有的中央銀行都有一項重要的工作，就是要說服大眾未來的物價水準不會大幅上升——或者換句話說，通貨膨脹會維持在低檔。這樣一來，預期心理就可以成為盟友，而非敵人。這要能夠奏效，這個國家的中央銀行必須具有**可信度**（credible）。也就是說，要民眾預期通貨膨脹會很低，民眾必須要能相信當物價水準開始飆漲時，中央銀行會積極地且有

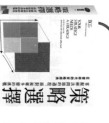

向編輯學思考：
激發自我才能、學習用新角度看世界，精準企業的10種武器

作者｜安藤昭子　譯者｜許郁文
定價｜450元

博客來、誠品 5 月選書

網路時代的創新，每一件都與「編輯」的概念有關。
所有需要拆解、重組或整合情報的人，必讀的一本書。

你做了編輯，全世界的事你都可以做。
——詹宏志（作家）

有了編輯歷練，等同於修得「精準和美學」兩個學分，終身受益。
——蔡惠卿（上銀科技總經理）

提到「編輯」，你想到什麼？或許你想到的，多半是和職業有關的技能。

事實上，編輯不是職稱，而是思考方式。

本書所指的編輯，是從新角度、新方法觀看世界和面對資訊與情報，藉此引出每個人與生俱來的潛能。

本書作者安藤昭子師承日本著名的編輯教父松岡正剛，安藤將松岡傳授的編輯手法，濃縮為10種編輯常用的思考法，以實例、練習和解說，幫助我們找到學習觀看世界的新角度。

解決問題
完成近說、失敗做下的思考法和工作術

作者｜高田貴久、岩澤智之
譯者｜許郁文
定價｜450元

作者｜霍德・利普森
譯者｜徐立妍
定價｜480元

作者｜八子知礼等著
譯者｜翁碧惠
定價｜450元

顛覆常識，破解商業世界的異常成功個案

作者｜井上達彥
譯者｜梁世英
定價｜420元

效地對抗通貨膨脹（例如，透過提高利率的方式）。中央銀行在對抗通貨膨脹的戰場上，一旦獲得了這樣的信譽，它的工作就會輕鬆許多，因為高通膨就不太可能會發生了。相反地，信譽不好的中央銀行會發現身陷一堆麻煩，因為通膨壓力可能會隨時隨地冒出來。

這類的信譽很難獲得的原因在於，與通貨膨脹的戰鬥是非常痛苦的。要對抗通膨，中央銀行通常必須提高利率（可能要降低貨幣供給，至少也要減緩貨幣供給的成長）。當利率伴隨著緊縮性的貨幣政策而上升時，消費及投資將會減緩，因為消費者和企業的借款成本都變高了。經濟產出本身會以較慢的速度成長，或甚至就緊縮了，而失業率很可能會上升。

為了對抗 1970 年代的高通膨，當時的聯準會主席保羅‧伏爾克（Paul Volcker）將聯邦資金利率推升到空前水準（最高時達到 20%），引發自從 1930 年代之後最嚴重的經濟衰退。1982 年的實質 GDP 跌了大約 2%，而失業率幾乎達到 10%。兩黨的政治人物均表憤怒。一位共和黨籍的參議員候選人在 1982 年 1 月指控伏爾克的「高利率政策扼殺了美國經濟，使數百萬美國人失去工作。」❶雖然，伏爾克在今天廣泛贏得「擊敗兩位數通膨」的美譽，但他當年在對抗通膨之

時，可是備受批評（甚至是辱罵）。

　　如果伏爾克主席是直接民選的職位，那他勢必要向公眾的壓力低頭，減緩對通貨膨脹的攻勢。畢竟，他至少要對失業率達到近半世紀以來的最高點，負起部分的──也許是主要的──責任，他要再次贏得選舉的機率將會非常低。但是，伏爾克就和所有的聯準會主席一樣，是總統任命的，可以擔任聯準會理事直到十四年的任期期滿。

　　正是這個緣故，大部分的貨幣經濟學家都贊成中央銀行是「獨立」的機關──獨立於短期民主選舉之外，同時能相當大程度地獨立於政治人物及政治運作之外。因為打擊通貨膨脹在短期可能會帶給大眾這麼大的痛苦，民選的政治人物常常都不會是很可靠的通膨戰士。雖然，要掌握政權的人將貨幣政策的控制權，讓出來給**獨立的**中央銀行，一直都是非常困難的事，因為它很可能就在選舉期間提高利率，而對現任的政治人物造成傷害，但是大部分的已開發國家已經這樣做很久了──而且也有愈來愈多的開發中國家這麼做。在美國，聯邦準備理事會在 1913 年創立時並不是真正的獨立機構，但是 1935 年立法的結果使其獲得額外的自主權，而在 1951 年獲得真正的完全獨立權。英國的英格蘭銀行（Bank of England）為全球最古老的中央銀行之一，其歷史可以回溯到

十七世紀，然而它一直到 1997 年才得到運作上的獨立權❷。

　　雖然，控制通貨膨脹常常被視為是中央銀行的職責，但有時通貨膨脹變得非常猛烈，使得央行以外的決策人物感覺有必要插手處理通膨問題。有一項極端的做法，顯然不在央行的業務範疇內，就是對工資及物價施加管制。如果決策者斷定高通貨膨脹主要是通膨預期心理驅動的，那麼工資及物價管制看起來就是個不錯的方法，可以改變預期心理，並因此打破通貨膨脹的惡性循環。如果政府已經宣布所有的物價上漲都違法，哪有人會預期物價在後續幾個月或幾年會升高呢？

　　然而，這個方法至少會有兩個潛在的問題。第一個，除非政府承諾在必要的時間內都會管制工資及物價，並承諾對違反的人予以處罰，而政府的這些承諾有絕對的信用，否則這種做法不可能有效果。第二個，更重要的是，僵固的工資及物價管制，無可避免地會造成經濟上的扭曲，因此降低了整體效率。當一種貨品，例如石油，其供給下降時，價格通常會上升，對生產者發出訊息要多生產，對消費者發出訊息要節約使用，或是去找替代品，或是要準備多花點錢購買了。然而，如果政府禁止價格上漲，買方將像以前一樣地用油，直到石油耗竭，讓後來的人完全無油可用。換言之，價

格管制可能在塑造預期心理方面是有效的，但是常常執行得很差，即使執行得很好，也會一路造成各種經濟上的破壞。

　　儘管有這些風險，為什麼政府有時候還是要訴諸於像物價管制這樣激烈的解決方案呢？一個原因是，中央銀行常常發現，要扭轉根深柢固的通膨預期心理，是極度困難的。一個很明顯的解決方法是，直接縮減貨幣成長，截斷通貨膨脹引擎所需的燃料。不幸的是，因為高通貨膨脹帶來高貨幣需求，急遽減少貨幣供給可能會使利率飆上天，因此引發嚴重的經濟緊縮。想像一下，在跑道上以時速100英哩高速行駛的賽車，突然給變速器來個倒檔的情況吧。雖然車子的確會慢下來，但這個減速很可能會是很劇烈的 ❸。

　　近年來，全球許多中央銀行採取目標通膨（inflation targeting）的策略。他們選取（且常常公開宣布）一個特定的通貨膨脹目標——假設是2%——然後為了維持（或接近）那個目標水準，採取提高或降低利率的必要行動。目標通膨策略的諸多好處之一，是可以避免經濟落入通貨膨脹的惡性循環。如果中央銀行承諾只要超過通膨目標一點點，就予以痛擊，而這個承諾有絕對的信用，那麼就永遠不必擔心要與激烈的通貨膨脹奮戰了，因為那樣的狀況根本就不會發生。只要目標通膨政策是有信用的，通膨預期心理——以及因而

產生的通貨膨脹本身——永遠都能抑制住。至少，在理論上是如此。

　　到目前為止，許多目標通膨計畫已經證明具有顯著的成效。然而，有個揮之不去的疑問，就是央行官員會如何回應重大的經濟衝擊事件——例如像1970年代那樣的石油危機萬一又發生了呢？如果通膨預期心理開始上升，央行官員是否願意為了阻擋這股浪潮，而造成高失業呢？他們是否會堅守反通膨戰線，或者他們會動搖了？無論答案為何，毫無疑問，如果人們完全相信央行會堅守戰線，那麼央行官員的工作將會輕鬆許多。換言之，在決定貨幣政策的成效及物價的走向上，預期心理仍然是最重要的。

預期心理與產出

　　當然，預期心理也能影響實質產出。法國經濟學家賽伊（J. B. Say）在十九世紀初提出「供給創造本身的需求」（supply creates its own demand），這句名言成為著名的賽伊法則（Say's Law）❹。因為生產產生的所得等於售出的產品的總值，總所得應該永遠足夠買下生產出來的所有東西。不幸的是，有時候負面的預期心理會介入這個美滿的生產與消費

循環。如果個人預期苦日子即將來到，他們會縮減一些支出，包括消費和投資，因此**潛在 GDP**（即可以達到的供給）和**真實 GDP**（有效需求）之間就會產生差距。

結果就會是典型的惡性循環：當緊張的消費者決定要減少花費、多做儲蓄，貨品及勞務滯銷，廠商則必須減產因應，因而裁員並減少新投資；失業率上升壓低了所得，更進一步地削減需求，因此持續並強化了惡性循環。雖然產能依然存在，但生產性的資源——人力及設備——因需求崩潰而遭到閒置，導致產出下滑。凱因斯（John Maynard Keynes）將這個現象稱為「豐足中貧窮的矛盾」（paradox of poverty in the midst of plenty）❺。

貨幣政策

有一個可行的策略可以對抗這類的需求下降，就是擴張性貨幣政策。要讓消費和投資活絡起來，中央銀行可以降低利率（以擴張貨幣供給的方式）。較低的利率可以鼓勵消費，因為儲蓄會變得沒什麼吸引力（因收益變少），而且消費者借款的成本變低了。同樣地，從企業的立場來看，較低的利率可以鼓勵投資，因為新廠房及設備的融資變便宜了。以淨現值（net present value, NPV）來看，較低的折現率（利

率）會使同樣的收益流量的淨現值提高，因此誘使企業經理人重新考慮在較高利率時認為不具吸引力的投資計畫。

　　然而，有些經濟學家擔心，在極端的情況下，即使積極的貨幣政策也可能無法刺激不斷惡化的經濟。凱因斯推測，當對未來需求的預期受到嚴重壓抑的時候，任何利率水準都可能不具吸引力。

　　凱因斯也提出，央行官員可能無法將利率降低到他們想要的水準——也就是低到足以刺激新的投資——因為有「流動性陷阱」（liquidity trap）。當利率非常低但仍高於零，到了某個點，個人可能會想要持有更多貨幣，甚於其他任何資產（因為其他資產支付的利息，可能都不足以補償他們必須承受的額外風險）。中央銀行注入愈多貨幣到經濟體系裏，人們就持有愈多貨幣。貨幣需求現在緊跟著貨幣供給上升，利率會停止下跌，即使央行再注入更多的貨幣也沒用。就如一些經濟學家對此狀態的形容，在這個點上推出再多的貨幣，其效果就像「推繩子」（pushing on a string）一樣——使不上力。雖然流動性陷阱的概念一直都有爭議，但它提出了一個看法：貨幣政策在蕭條時可能會變得無效。

　　擴張性貨幣政策另一個潛在的限制是通貨緊縮的可能性。在很糟糕的衰退或蕭條期間，物價會因需求不振而下

降。物價下跌會對借款成本產生反效果。即使**名目**利率一路降到接近零，但如果通貨緊縮很嚴重的話，**實質**利率將會維持正值，甚至可能還相當高。這是因為當物價不斷下跌時，一塊錢到了明年可以比在今年買到**更多**東西。對於借款的人來說，這代表貸款的償還——即使名目利率為零——以真實的貨品及勞務來計算，將會是很昂貴的。（請見表3-1）

表3-1　通貨緊縮狀況下的實質利率

實質利率＝名目利率－預期通貨膨脹

由於通貨緊縮是負的通貨膨脹：

$$實質利率＝名目利率＋預期通貨緊縮$$

因此，如果大家預期會有通貨緊縮（物價下跌），則實質利率將會是正的，即使名目利率為零。

例如：如果名目利率為0.5%而預期通貨緊縮10%，則實質利率約為
　　　0.5% ＋ 10% = 10.5%。

這正是1930年代初期，美國借款人所經歷的狀況。到了1932年，許多名目利率已經跌到非常非常低的水準。例如：三個月期的政府公債平均利率只有0.88%。但是實質利率仍然極高，因為那一年的通貨緊縮預估在10%左右。在那同

時，聯準會讓貼現率維持在比大家預期的水準更高些（1932年在 2.5% 到 3.5% 之間），主要是為了維持住國家的金本位制。1930 年代初期那段時間，企業借款的名目利率也維持在相對高檔，部分是因為貼現率，但也可能是為了彌補蕭條產生的額外違約風險。事實上，銀行對美國城市裏的企業放款收取的利率在 1932 年平均約為 5%。這表示企業借款的實質利率約在 15%，這個事實有助於解釋為什麼在那段期間，企業借款大幅滑落的現象❻。

　　理想的情況下，貨幣政策可以藉由適當的管理，在一開始就阻止極端通貨緊縮的發生。但是許多總體經濟學家相信，一旦這種程度的通貨緊縮成為事實，貨幣政策實際上是無力扭轉困境的。

財政政策

　　政府可以使用的另一個總體經濟工具是財政政策，方法的是政府支出、租稅及赤字支出（deficit spending）。凱因斯的推理是，如果一個經濟體對於未來需求有悲觀的預期，以至於經濟搖搖欲墜，此時政府可以釋放利多消息，並開始以超過稅收的赤字預算支出，來讓經濟重新啟動。當個人及廠商看到政府積極地創造新需求（政府購買貨品及勞務），他

們對未來的預期就會開朗起來，並且也會再開始花費。以這個方式，將整個經濟拖下去的惡性循環就可以逆轉，將經濟往上帶向充分就業。根據凱因斯及其追隨者的理論，政府的角色是透過**擴張性財政政策**（expansionary fiscal policy），引導預期心理往有利的方向移動❼。

　　凱因斯是用所得「乘數」（income "multiplier"）的方式來描述這個機制的。因為他相信，政府赤字支出的突然增加，會引導消費及投資增加。所以凱因斯的推斷是國民所得（或GDP）的增加數額，會大於政府支出原先增加的數額。

　　要了解這一點，我們需要回到第一章一開頭的GDP的支出法公式：

$$GDP = C + I + G + EX - IM$$

　　C為消費，I為投資，G為政府支出，EX為出口，IM為進口。很明顯地，如果G上升但不造成其他變數下降（凱因斯稱此為「自發性的」〔autonomous〕政府支出），那麼GDP必定會上升。這是為什麼凱因斯會將焦點放在**赤字**支出上的原因。如果政府支出的增加，是以加稅的方式做為財源，那麼稅率提高會使得消費及投資下降。但是如果政府是以赤字──也就是例如用發行公債取得額外的資金──來支應額外

的支出，那麼就不會使得其他支出變數下降。

當然，如果這項最初的效果是唯一的效果，那麼 GDP 增加的數額，就只是自發性政府支出增加的數額，而凱因斯的所得乘數就等於 1（亦即，GDP 的變化等於政府支出變化的 1 倍）。但是凱因斯學派（Keynesians）相信，隨著 GDP 的上升，個人及企業會增加他們的消費及投資水準，因此將 GDP 推升得更高。事實上，這樣的動態過程會自己不斷地重複下去，因為新增的消費及投資又會造成 GDP 上升，然後又會鼓勵更多的消費及投資。

為了方便起見，先假設這個效果只透過消費發生作用。再假設家計單位所得中的每一塊錢，其中 80% 用作消費，其他會儲蓄起來。在這樣的情況下，如果政府以赤字支出的方式增加 100 元的支出，以此開始，第一回合的效果將會使 GDP（國民所得）上升 100 元。面對所得多增加了 100 元，家庭會花掉其中的 80%，也就是 80 元，這將因此使 GDP 再增加 80 元。現在，這新增的 80 元所得，家庭又會花掉其中的 80%，也就是 64 元，而 GDP 也就增加同樣的數額。到這個時候為止，政府最初以赤字支出的 100 元，已經使 GDP 因而增加了 244 元（即 100+80+64）。但是這個過程並不會就此結束。這樣的過程會繼續循環再循環，GDP 會繼續增加，每次

的增加數額都等於前一次增加數額的80%（即，100+80+64+51.2+40.96+32.77+26.21+……）。到最後，新增加的數額會小到不微足道，然而，GDP會成長了大約500元（請見圖3-1）。凱因斯發現這整個過程可以濃縮成以下的公式：

GDP的變化＝（政府赤字支出的變化）× 所得乘數

此處的所得乘數＝（1／所得支出循環的漏損率）。在這個例子中，因為漏損率（亦即新增的所得中未用於消費的部分）為20%（即0.20），所得乘數為1／0.20，即5。因此：

GDP的變化＝100×5＝500

結果顯示，赤字支出的增加會使名目GDP增加。在本例中，GDP增加的數額是最初赤字支出增加數額的5倍，因為漏損只有20%，因此所得乘數等於5。然而，無法確定的是，**名目**GDP的增加主要是來自物價水準（P）的上升，還是來自產出數量（Q）的增加？大家應該還記得名目GDP是依賴這兩個變數的，因為名目GDP＝P×Q。

凱因斯相信在高失業時期，名目GDP的增加主要來自產出數量（亦即，主要是因為實質GDP增加）。在蕭條時期，許多生產性資源遭到閒置，一旦企業經理人面臨需求增加，

圖3-1　凱因斯的所得乘數

此範例是根據政府赤字支出100元，漏損為20%：

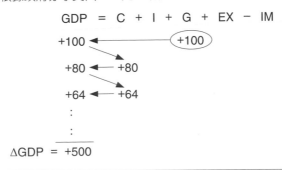

他們會做的第一件事就是動用閒置的資源。他們會重新雇用員工、啟動設備、讓工廠再度運轉。因此，將會使生產（實質GDP）朝向發揮經濟潛能的方向增加。

　　然而，到最後，如果先前閒置的資源全部或是大部分都已經動用了之後，政府仍持續以大幅的預算赤字運作，此時企業經理人將會以提高價格來因應持續增加的需求。這是因為他們很難再增加生產。名目GDP還是會上升，但是現在所增加的大部分是來自物價水準（P）的上升，而不是來自產出數量（Q）的增加。在這種情況下，經濟學家會說，真實GDP（需求）超過潛能（供給），經濟過熱（overheating）了[8]。（請見圖3-2）

圖3-2　凱因斯學派的財政刺激論，在不同景氣時期之比較

政府預算赤字↑──→需求↑──→經由所得乘數，名目GDP（P×Q）↑

在**高失業**時期：
政府預算赤字↑──→需求↑──→Q↑（實質GDP增加）　　　　　　［經濟復甦］

在**充分就業**時期：
政府預算赤字↑──→需求↑──→P↑（通貨膨脹）　　　　　　　　［經濟過熱］

在**正常**時期：
政府預算赤字↑──→需求↑──→Q↑和P↑（實質GDP及通貨膨脹都上升）

　　因此，凱因斯以赤字支出刺激GDP的提議，是要用在經濟緊縮期間，當實質GDP被嚴重壓抑的時候。在比較正常的時候，赤字支出預期會是通貨膨脹性的。

　　雖然這種看法在早期有很多人抱著懷疑的態度，但是從美國在二次大戰期間的經驗，凱因斯的理論得到很大的鼓舞。因為美國終於在大戰期間，從長期蕭條中抽身而出，而且因為戰爭涉及非常高的赤字支出水準，凱因斯對赤字支出活化經濟的預測，看來已經得到確認。凱因斯主義（Keynesianism）很快地在經濟學術圈擴散，最後在政治圈也變成非常具有影響力。據說在1972年初，尼克森總統曾經宣稱「我們現在都是凱因斯學派」。

　　對凱因斯學派赤字支出的信心，自1960年代和1970年代初期的全盛時期之後，似乎就消退了。事實上有一些理由，使得赤字支出無法像許多人在大學經濟學中所學到的那麼有神效。其中一個理由，如同我們見過的，赤字支出可能會造成通貨膨脹，導致物價上漲，而不是產出增加。除此之外，還有其他的理由。

　　在之前的所得乘數說明中，唯一的漏損是家計單位的儲蓄。因為這項漏損只有20%，所得乘數為5。然而在大多數時代及大多數地方，真正的所得乘數可能沒那麼大。一部分是因為除了儲蓄之外，還有其他的漏損。租稅是另一項額外的漏損，進口也是，因為用在外國貨品上的支出，對**本國的GDP**並沒有貢獻。

　　此外，有些經濟學家指出另一種形式的漏損，歸類在「理性預期」（rational expectations）之下。此處的論點為，個人如果是完全理性的，他們應該預想得到，預算赤字所累積起來的負債，最終必定需要以提高稅賦來償還。如果個人想要為這些即將發生的稅賦做準備，那他們會將赤字支出所增加的所得，**每一塊錢**都存下來，因此漏損率變成100%，所得乘數降為1。因為這個機制的根本概念，源自於十九世紀的經濟學家李嘉圖（David Ricardo），因此被稱為「李嘉圖對

等定理」（Ricardian equivalence）。

另一個問題是，赤字支出會推升利率，並削減私人投資及消費——這稱為「排擠」（crowding out）現象。當政府以預算赤字運作，支出超過了稅收，其間差額則在公開市場上借款取得。政府會發行政府債券，並拍賣給出價最高的投標者。在這麼做的過程中，政府是在和私人的借款者競爭資金。很自然地，競爭投資資金會推升這些資金的價格，意味著利率會上升。當這種情形發生時，有些私人部門的潛在借款人——包括廠商及個人——會決定不要借高利率的資金，而放棄原本打算從事的投資計畫。回想一下，凱因斯所要的政府支出增加是自發性的——也就是，不能伴隨著任何其他支出型態（例如消費或投資）的減少。不幸的是，較高的利率會導致消費及投資雙雙下降，表示排擠效果會降低（在極端的情況下，甚至會消除）凱因斯赤字支出的有效性。

有一個相關的議題是，中央銀行本身也會對赤字支出增加做出反應，並提高利率。尤其當央行官員預期預算赤字是通貨膨脹性的，他們會試圖採取較緊縮的貨幣政策去對抗它（為了防範預期通貨膨脹的形成）。再一次地，中央銀行的這種反應會降低赤字支出的效果，甚至使它無效。

然而，儘管有這些限制和批評，大部分的總體經濟學家

仍然相信，還是有很小的所得乘數存在。當一國經濟陷入衰退時，大部分的決策者仍然會很快地採行預算赤字，冀望能把經濟拉回常軌。這些赤字有時是來自於支出的增加，有時是因為減稅，有時是兩者一起（事實上這最常見）。不管赤字是由支出增加還是減稅造成的，其主要目標都是藉由傳遞利多訊息給一般大眾，來刺激總合需求。如果一般大眾將赤字解讀為壞處，而非好處，那麼經濟就會持續惡化下去。但是如果──如凱因斯所希望的──一般大眾將支出暴增解讀成好的訊息，經濟就會因預期心理改善而復甦。在市場經濟中，預期心理本身就可以推動現實，而凱因斯的財政政策全都植基在預期心理上。

預期心理和其他總體變數

當然，預期心理也強烈影響其他總體經濟變數，包括利率及匯率。例如，如果一名債券交易員預期利率要上升了，她會為了避免資本損失（因為現有債券在利率上升時價值會逐漸貶損），而決定賣出債券。如果很多交易員都這麼做，長期利率實際上就會因此而上升。債券賣出會使債券價格下跌，以及債券殖利率（債券的有效利率）走高❾。因為這個

原因，債券市場常常會猜測央行的一舉一動，當他們預期央行要採緊縮貨幣政策時，就會推升殖利率（因此利率也隨之上升）；當他們預期央行要採寬鬆貨幣政策時，就會推動殖利率下跌。

同樣地，外匯交易員也會根據他們的預期而推動匯率的漲跌。如果他們預期歐元要升值了，就會買歐元（或賣出美元）。如果是預期歐元要貶值，就會賣出歐元（或買入美元）。不管是哪一種，他們的預期心理真的導致了預期的結果。在有些情況下，他們的預期是來自有關總體經濟數據的新聞。例如，美國貿易赤字急遽上升，會引起外匯交易員賣出美元，因為他們認為逐漸升高的貿易赤字很可能會使美元貶值。此外，交易員也會受到政策行為的影響。如果外匯交易員預期聯準會要緊縮貨幣了，他們可能會買入美元，認為較高的利率會使美元較有吸引力而導致美元升值。

最後，要提醒一點：雖然預期心理顯然很有力量，但我們不應該因此就下結論認為只有預期心理最重要。如果預期心理在根本上就脫離現實，它們最終還是會破滅的。在1990年代，美國投資人預期網路公司會有空前的表現，全都衝去買網路股，網路公司的股價一飛沖天。然而，最後當他們發現原先的預期被過度膨脹時，網路股股價暴跌（即泡沫破

滅），許多投資人被迫吞下現實的苦果。

　　對整個總體經濟而言，這個道理也是一樣。正面的預期心理有助於將蕭條的經濟帶回到應有的潛能。但是一旦達到了潛能，整個國家的產業達到了充分產能地步，更多的正面預期心理只會帶來通貨膨脹，而不是加速實質的成長。預期心理很重要，但它們不是唯一重要的。最終，經濟的預期心理無法脫離經濟現實的限制而長久存在，而這個限制最終仍是由生產的技術面決定的。

第二篇

精選主題——
背景與技術性問題

第4章

美國的貨幣及貨幣政策簡史

為了要將理論與實務連結在一起,本章提供簡要的美國貨幣歷史,從十八世紀後期創造出美元開始,一直到二十一世紀初現代貨幣政策的執行為止。這段歷史說明了先前幾個章節(尤其是第二章)中所強調的許多總體經濟原理及其關聯性,並將它們放在一個逐漸成熟的國家經濟環境中來看。理想的狀況是,你應該能看到貨幣經濟學一路走來的運作情況。

定義出計價單位及貨幣的價格

在建立一個新國家的過程中,政府官員首先必須要做的事情之一,就是定義計價的單位——也就是用於會計和交易的標準度量。美元就是美國的計價單位。早期的美國決策者

以貴重金屬定義美元的價值。1785年大陸議會（Continental Congress）全體一致通過「美國的貨幣單位是一美元」❶。隔年，財政理事會（Board of Treasury）宣布「貨幣單位或是美元將含」375.64喱（grains，譯注：英美制最小重量單位，約等於0.0648克）的純銀❷。幾年後的新憲法中對此定義做了些微的修正；1792年的幣制法（The Coinage Act of 1792）中設定美元等於371.25喱純銀，或是相等價值的黃金（24.75喱的純金）❸。

在早期的那些年代裏，美國政府自己製造的貨幣數量不多——大部分是銀幣和金幣。商業銀行製造看起來很正式的紙鈔（很像今天政府發行的通貨），而這些紙鈔是可以兌換金銀幣的。有趣的是，在整個十九世紀初期，這些由民間發行的銀行券（bank notes）是最普遍使用的貨幣形式。稍後，支票帳戶——經濟學家稱為活期存款——變得愈來愈重要。個人及廠商在當地銀行開立帳戶（存入金銀幣或銀行券，或是借款），然後就可以用這個帳戶開支票，在購買貨品時用來支付給賣方，或是用支票到銀行提取金銀幣或是銀行券。

與今天相比，最令人驚訝的是，早期政府在貨幣體系中的角色是多麼得有限。聯邦政府除了定義美元的價值（以金和銀計算）以及鑄造錢幣外，在貨幣政策上的作為非常的

少。十九世紀的大部分時間，美國是沒有中央銀行的。如剛才所述，紙鈔貨幣大部分是由民營銀行發行的。

　　然而，聯邦政府靠著定義美元的價值，就已經做了非常重要的事：它制定了固定匯率。這表示美元相對於黃金和白銀的價格會長期維持穩定，同時也與其他國家通貨的價格保持穩定，例如英鎊，因為英鎊的價值也是釘住貴重金屬的。美國的雙金屬本位制（以黃金和白銀為基礎）在十九世紀期間逐漸演化為金本位制。

金本位：一個自我規範的機制？

　　雖然現今許多觀察家將固定匯率視為一種政府重度干預的形式，但是它的起源動機卻剛好是相反的。事實上，除非政府根本不創造任何計價單位或交易媒介，不然的話，（與黃金及白銀）固定的匯率已經是政府所能做到最少介入的制度。

　　即使沒有中央銀行，固定匯率也應該能自動地讓整個經體系維持平衡。如果國內經濟開始過熱了，且又發生通貨膨脹（物價上漲），進口將會增加（因為外國貨的價格和本國貨比起來，立刻吸引力大增），而出口會下降。隨著貿易收

支惡化，貴重金屬會從本國流出，因為一般假設是國際貿易商採購時是用黃金和白銀支付的。因為國內的貨幣供給直接和這些貴重金屬綁在一起，當國內貴重金屬儲量減少時，貨幣供給也會下降。貨幣供給下降有助於控制物價，因此抵銷掉最初的通貨膨脹波潮。相反地，如果國內物價下跌，發生通貨緊縮，貿易收支將會改善，黃金就會流入，貨幣供給會增加，物價會被推回到合宜的水準。至少，自我調節機制應該是要這樣運作的。

然而，在實務上，這套體系並非總是能立即回到均衡狀況。把美元和黃金僵硬地綁在一起，並不能保證價格的穩定性，因為黃金的數量——因而還有黃金的價格——本身就是不穩定的。例如1880年代、1890年代的大部分時間，全球的黃金供給幾乎沒有增加，然而美國整體物價水準是下跌的。因為黃金的價格還是漲了（因為稀少性），而幾乎所有東西的價格（以黃金計算）都下跌了。當時一位總統候選人威廉·詹寧斯·布萊恩（William Jennings Bryan）相信，這持續的通貨緊縮會扼殺了經濟活動，而在1896年敦促進行貨幣改革，宣稱「你們不要將人類釘在黃金的十字架上」。諷刺的是，那時全球正剛剛要進入黃金供給大幅增加的時期。第二年物價水準開始上升，且持續了超過十年的時間❹。

　　到了 1913 年，美國的頂尖經濟學家費雪（Irving Fisher）
對於物價的動盪感到十分憂心，因而提出一項激進的改革，
他稱之為「美元本位化」（standardizing the dollar）。當黃金
價格相對於其他貨品下跌了，美元中的黃金成分比例應該要
增加，美元相對於其他貨品的價格就能維持穩定。相反地，
當黃金價格相對於其他貨品上升的時候，美元中的黃金成分
比例就要減少，以再次確保美元相對其他貨品價格的穩定
性。用這個方式，美元的價值將不會動搖，整體物價水準
（生活成本）也會被穩定下來。當費雪自己在解釋這個方案
時說：「它的目標只是……要將美元轉變為購買力的固定衡
量標準。」❺

聯準會的創立

　　雖然政府沒有採納費雪的提案，但是重大的貨幣改革就
要發生了。1907 年發生了嚴重的金融恐慌，說服了經濟學家
及政策制定者必須要有一個新的、能自主發行通貨的機構。
1914 年美國的中央銀行──聯邦準備理事會（"the Fed"，簡
稱聯準會）誕生了。它的創立者希望它能滿足季節性的貨幣
需求，並能在金融危機之時，做為商業銀行的最終貸放者

（lender of last resort）。

在此之前，當季節性貨幣需求發生變化時，常常使得利率大幅震盪，而在金融恐慌期間，常會飆升到令人暈眩的高度。因為貨幣供給是那麼地沒有彈性——和黃金數量牢牢地綁在一起——貨幣需求的變化（例如在農作收成時期）就可能造成利率的大幅波動。

聯準會的設立，是希望藉由創造更具「彈性」的貨幣供給，來解決這個問題。當貨幣需求升高時，聯準會就多發行貨幣來滿足需求；當貨幣需求下降時，聯準會就少發行貨幣。最初，聯準會主要靠貼現窗口（discount window）來挹注現金，或抽走現金，當它要商業銀行多借些錢（因此可以增加貨幣供給）的時候，就將貼現率訂得較低；當它要商業銀行少借些錢（因此可以減緩或逆轉貨幣成長）的時候，就提高貼現率。大家認為用這個方式，聯準會可以讓景氣循環的波動趨於平緩。

雖然聯準會對於要創造多少貨幣，擁有裁決權，但操作空間並不是毫無限制的。法律要求聯準會所發行的貨幣至少要有40%的黃金準備，同時可以隨時用20.67美元兌換一盎司的黃金。這意味著，如果外匯交易商認為通貨發行得太多了——因此一美元的價值低於它的含金量——他們會積極將

手上的美元拿去兌換聯準會的黃金。一旦黃金準備快要低於
40%的法定要求時，聯準會將被迫提高貼現率，緊縮貨幣供
給，提高美元的吸引力。因而金本位仍然被視為是紀律的關
鍵來源——是防止貨幣過度發行的必要監督，也是對抗通貨
膨脹的有力武器。

　　然而，到了1930年代初期，許多分析家認為金本位有太
大的限制。即使經濟陷入了大蕭條，失業飆升，聯準會為了
避免黃金擠兌，也不願將貼現率調降太多——甚至在1931年
還調高貼現率。如果威廉・詹寧斯・布萊恩還活著，他可能
會再度指控美國被釘在「黃金十字架」上。

　　1933年羅斯福總統突然削弱金本位制，要求私人繳出所
持有的黃金（金飾除外）、停止銀行的美元兌換黃金實務、
並宣布所有契約中的黃金條款都是無效的。它同時也將美元
相對於黃金做了貶值，將官方黃金價格從每盎司20.67美元
提高到35美元。一位哈佛商學院教授亞瑟・迪溫（Arthur
Dewing），對此非常不滿，開始拒絕繳交他持有的黃金，並
（據說）差點在抗議時被捕入獄❻。雖然修正後的國際金本位
制在二次世界大戰之後回復了，但最後仍不受青睞，並於
1970年代初期被永久放棄。美元從此便在國際外匯市場上浮
動（float）了。

在浮動匯率下找出正確的貨幣法則

當美元不再與黃金或任何主要通貨維持固定，聯準會官員的關鍵問題變成是：如何決定該創造多少貨幣？的確，貨幣經濟學家不斷地和這個問題角力，他們不斷想出新的點子──或至少不斷重新發掘舊點子──結果，「更好的」貨幣法則來來去去，就像時尚流行一樣。有些經濟學家追隨傳利曼（Milton Friedman），偏好讓貨幣供給M1遵循一條向上的成長軌跡──例如每年3%到5%──以穩定物價水準，並確保實質GDP有健康的成長率*。其他人則尋求貨幣發行的數量剛好可以將利率穩定在較低的水準──就是可以鼓勵成長且

---

* 偏好這個方法且認同其背後假設的人，被稱為貨幣學派（monetarists）。貨幣學派學者最喜歡的一個恆等式為：

$$M \times V = P \times Q$$

此處M表示貨幣供給，V表示貨幣速率（可以想作是貨幣在經濟體內流通的速度），P代表物價水準（或稱為平減指數），而Q代表產出的數量（實質GDP）。假設V相當穩定（這是個有爭議性的假設），貨幣學派的結論是，要確保通貨膨脹很低，且實質GDP有健康且穩定的成長率，最好的辦法是讓貨幣供給維持在一個穩定向上的路徑上，增加率則等於經濟學家預期（或希望）實質GDP成長的速度──例如假設每年為4%。

不致發生通貨膨脹。還有一些人認為應該將低失業當作目標
──在失業上升時應該發行較多的貨幣，以降低利率並刺激
經濟。

　　雖然聯準會從未明白地對這些貨幣法則做出評論，但它
似乎對其中幾個法則做過實驗。在1970年代的高通膨及1980
年代初期的金融混亂中，大部分的法則最後都遭到摒棄。到
了1990年代，雖然聯準會仍拒絕對特定的貨幣法則予以評
論，然而許多貨幣經濟學家對於「目標通膨」（inflation
targeting）的好處，大致上逐漸有了共識。基本的概念是這
樣的：央行官員應該設定一個低而且穩定的通貨膨脹率，假
設是2%好了──在通貨膨脹有低於這個目標的可能時，即
擴大貨幣供給，而在通貨膨脹有高於目標的可能時，就降低
貨幣成長。

　　實際上，在構思如何達到通貨膨脹目標方面，大部分的
經濟學家現在對短期利率的注意，甚於對貨幣供給本身。雖
然所謂的貼現率（聯準會借給商業銀行所收取的利率）早就
不被當作是重要的貨幣政策工具，但是聯準會官員在透過公
開市場操作（在公開市場上買入及賣出政府公債），以控制
特定的短期利率方面，技巧十分高明。而這個特定的短期利
率就是所謂的聯邦資金利率──商業銀行彼此之間隔夜拆款

的利率。聯準會只要透過公開市場操作，增加或收回貨幣供給，就能將利率移動到任何它想要的水準——而這常常是超乎尋常地精確。

很自然地，偏好目標通膨這個方法的經濟學家相信，聯準會應該在通貨膨脹開始爬高超過目標時，就提高聯邦資金利率，而在相反情況發生時，則降低它。雖然聯準會不會公開這樣說，許多分析家相信自1980年代以來，聯準會暗地裏有採取目標通膨的策略。同時，歐洲央行也採取比較明顯的目標通膨策略來引導貨幣政策❼。雖然有些批評指控貨幣政策在一些市場上太寬鬆，在另外一些市場又太緊縮，但是到2006年為止，有十年以上的時間，美國和歐盟的通貨膨脹都一直控制得很好。

美國貨幣政策的轉型

自從十九世紀時，國會宣布美元為美國的計價單位開始，管好貨幣讓美元成為交易及計價上可信賴的度量——就成為政府義不容辭的工作。政策制定者一開始採取將美元和貴重金屬以特定價格綁在一起的方式。政府訂定美元的**價格**，而讓美元的**數量**由市場供需來決定。

　　至於貨幣及貨幣政策在二十世紀——至少到1980年代初期為止——是如何轉變的，一個思考的方式是，把政府的策略想作是逐漸從設定美元的**價格**（讓數量變動），轉變到設定**數量**（讓價格變動）。在二十世紀後半，傅利曼主張聯準會只要致力於貨幣數量的穩定成長——大約等於實質GDP的成長率——就與原先的金本位制正好處於兩個極端。

　　而二十世紀的轉變，另一個——而且是更深入的——思考方式是，在設定貨幣政策上面，政府逐漸地從設定貨幣的一種價格（匯率），轉移到設定另一種價格（整體物價水準）。其目標一直都是要讓美元成為可以信賴的價值標準，在商業運轉上發揮最大的潤滑作用，而不引發通貨膨脹或通貨緊縮。但是對於是什麼構成了可靠的度量，以及要如何潤滑商業運作，經濟學家對這兩個問題的理解，卻隨著時間而有了大幅的改變。

　　稍早，金本位被視為是確保可靠的貨幣度量最好的方式，因為它保證美元相對於黃金的價值會維持穩定。然而，金本位不保證美元相對於其他貨品的價值能維持穩定。當黃金本身的價格，隨著全球黃金供給的隨機變動，而上漲或下跌，結果也使得整體物價水準（所有貨品價格的加權平均）跟著發生相當大幅度的波動。即使金本位制的支持者也承認

有這個問題。普林斯頓大學的坎莫爾（E. W. Kemmerer）教授在1927年說道：

　　在現今全球經濟組織中，最嚴重的缺陷可能是以下這個事實：我們用來做為計價單位的東西，其價值並不是固定的，而是含有固定的黃金重量，而黃金的價格卻會劇烈的變動。美國在將近半個世紀的時間裏，看到我們的計價標準，亦即黃金美元的價值，呈現這樣的迴轉：從1879到1896年，它的價值上升［因此整體物價水準下跌］27%。從1896到1920年，它的價值下跌［因此整體物價水準上升］70%。從1920年到1927年9月，它的價值上升［因而整體物價水準下跌］56%。如果用比喻來說，這就像是價值的標竿在1879年是36英吋長，後來在1896年變成46英吋長，到了1920年是13英吋半，而今天則是21英吋長 ❽。

當經濟學家相信，我們要去穩定的東西，其實是美元相對於一般性的貨品及勞務（產出）的購買力，而不只是相對於黃金的價格，則貨幣政策就必須要改變。

　　今日，聯準會在很多方面看起來是採取目標通膨策略，所追求的目標是，以一大籃子貨品計算的美元的價值（或價

格），每年以約 2% 的速度下降（亦即，物價水準以此速度上漲）❾。因此，聯準會透過公開市場操作，操控貨幣的數量，來設定貨幣的一種價格——短期利率。然後聯準會在有需要的時候，將利率推升或調降，以穩定貨幣的另一種價格——整體物價水準的走勢。以這個方法，通貨膨脹應該會維持在適度且可以預測的水準，而美元應該會是可靠的標準——不是以它值多少黃金來計算，而是它能買的總**產出**數量來計算。

因此，即使是在貨幣及貨幣政策的環節中，產出仍然居於絕對核心地位——這是現代總體經濟思想與實務的極重要觀念。

第5章

GDP 會計帳的基本原理

由於產出是總體經濟學的核心，怎樣才是衡量產出的最好方法，大家投注了極多的心力。事實上，總體經濟學家為此還開發了一整套的會計體系。國民經濟會計——即大家所知的GDP會計帳——目的就在對於一個國家於特定的一段期間內（通常為一年）所生產的全部產出，衡量其價值。本章提供關於GDP會計帳的快速入門知識，以及與衡量全國產出有關的重大挑戰及一些必要的取捨❶。

三種衡量產出的方法

就如在第一章中所述，經濟學家想出了三種不同的方法來計算總產出的價值，它們是附加價值法、所得法與支出法。

附加價值法。在第一個方法中，經濟學家對產出的計算，是將生產過程每個階段的附加價值加總起來，「附加價值」的定義就是銷售收入減去非勞動投入的成本（亦即，減去購自其他廠商的投入）。在一個國家中所生產的每項貨品及勞務，全部附加價值的加總，就等於該國的總產出，也就是GDP。

所得法。由於生產過程每個階段的附加價值，最後必會以所得的形式，分配到該國成員的手上，所以另一個計算總產出的方式就是去衡量總所得。尤其是，一個經濟體的生產性要素（勞動及資本）的報酬，可以從工資及薪資、利息、股利、租金、權利金加總起來而得知。經過一些調整（包括加上折舊及企業間接稅）後，總所得會正好等於總產出，也就是GDP。

支出法。在第三種方法中，經濟學家測量總產出價值的方法是，計算全國在最終貨品及勞務上的花費。一項貨品或勞務如果不是做為生產另一項貨品或勞務的投入，就視為是「最終的」貨品及勞務。例如，如果是個人買入咖啡豆，在家研磨及濾煮，這些咖啡豆就是最終貨品，它們的價值就會計入GDP之中。但是如果是一家咖啡店買入這些咖啡豆，則

這些咖啡豆就是中間財，不計入 GDP。如果將咖啡店所買的咖啡豆和賣給顧客的濾煮好的咖啡，都算入 GDP 的話，就會造成重複計算，因為一杯咖啡的價格中已經包括了豆子的成本。

不管你選擇的是附加價值法、所得法還是支出法，GDP 會計帳的目的都是在估量產出（也就是產品）的價值。因此，不涉及新貨品或勞務生產的交易行為——像是政府的福利支出、資本收益及損失、二手貨品的銷售——都不計入 GDP 之中❷。

支出法的具體細節

雖然這三種計算 GDP 的方法都是正確的，而且最終應該會產生相同的結果，但是支出法——它的焦點放在最終銷售，而不是附加價值或所得——到目前為止是三種方法中最被廣泛使用的。它取得優勢是因為這個方法在總體經濟預測及政策制定上，被認為相當有用。結果，GDP 最常被使用的定義就是，在一國境內一年所生產的全部最終貨品及勞務的市場價值。

如同我們剛才所述，支出法將支出分為四個基本欄位，其總和等於GDP。這四個欄位是家計單位的消費、投資、政府支出、以及淨出口（請見表5-1）。因此，

GDP＝消費（C）＋投資（I）＋政府支出（G）＋淨出口（EX－IM），其中：

- **消費**包括家計單位為了目前使用而購買的所有新貨品及勞務。

- **投資**包括打算用來增加未來最終貨品及勞務產出的支出。它涵蓋了企業購買的固定建物、設備、軟體以及存貨，再加上新的自用住宅❸。許多國家將政府投資——例如對於新道路及橋樑的支出——也計入這個欄位，但美國並不把政府投資計入。

- **政府支出**包含各級政府（聯邦政府、州政府、地方政府）在貨品及勞務上的支出，至於政府在固定資本上的支出則可能計入，也可能不計入，全看政府投資是如何分類（是當作政府支出，或是當作投資）。不管是哪種定義，政府支出都不包括移轉性支付（transfer payments，例如社會福利或社會保險津貼）——因為移轉性支付與產出的製造無關。

表5-1　GDP會計帳支出法，美國（2005年）

GDP的組成（支出的種類）		百萬美元	占GDP的比重（%）
個人消費	**C**	**8,742**	**70.2%**
貨品		3,572	28.7
勞務		5,170	41.5
民間國內投資毛額	**I**	**2,057**	**16.5%**
固定投資		2,036	16.3
非住宅		1,266	10.2
住宅		770	6.2
民間存貨變化		21	0.2
政府消費及投資毛額	**G**	**2,373**	**19.0%**
政府消費（G_C）		1,976	15.9
聯邦政府		769	6.2
州政府及地方政府		1,207	9.7
政府投資毛額（G_I）		397	3.2
聯邦政府		110	0.9
州政府及地方政府		287	2.3
出口	**EX**	**1,303**	**10.5%**
貨品		908	7.3
勞務		396	3.2
進口	**IM**	**2,020**	**16.2%**
貨品		1,699	13.6
勞務		321	2.6
GDP＝C＋I＋G＋（EX－IM）	**GDP**	**12,456**	**100.0%**

資料來源：美國經濟分析局

- **淨出口**就是出口和進口之間的差額。將出口算入
  GDP，是因為出口為國內製造的產出，即使它們是被
  外國人買去。相反地，進口必須從GDP中扣除，因為
  它們是在海外生產的，因此不屬於國內的產出。

在大部分的情況下，單一產品可以被歸類在不同的欄位
中，全看是誰買了它，以及用途是什麼。以咖啡機為例，一
部買來做為家庭使用的咖啡機被歸類在家計單位的消費欄
位，而同樣的這部咖啡機若是被買去用在咖啡店裏，則歸類
為投資。如果在義大利的一家咖啡店，買了一部在美國西雅
圖製造的咖啡機，則在計算美國的GDP時，這部咖啡機是美
國的出口。相反地，如果西雅圖的一家咖啡店買了一部義大
利製的咖啡機，則這項支出算是美國的投資，同時也是美國
的進口；而由於投資（加項）及進口（減項）相互抵銷，進
口的咖啡機對美國GDP沒有淨效果，因為不涉及國內生產，
所以這是合理的。

折舊

國內生產**毛額**並沒有減去折舊（depreciation），這一點很

重要。折舊，有時被稱為「固定資本的消耗」（consumption of fixed capital），正式的定義是「因磨損、廢棄、意外損壞、老化而折損的價值」。例如在咖啡機的例子裏，一家咖啡店的咖啡機每年都會因為濾煮咖啡而磨損，減損其價值。美國商務部對折舊的官方計算，也涵蓋了因災害（如颶風及洪水）所造成的資本存量降低❹。

　　如果整個經濟體的資本折舊非常龐大，即使投資毛額很高，也不足以長期支撐快速成長。這就是為什麼研究經濟發展的人，十分注意國內生產淨額（net domestic product, NDP）的原因。NDP就是GDP減去折舊，它又稱為淨產出（net output），基本上是假設資本存量不變的情況下，計算可用於消費的產出數額。

　　實務上，GDP比NDP更常被使用。美國商務部於1947年的解釋是，NDP是「理論上較佳的……，然而有一個極大的阻礙，就是固定資本的消耗，並沒有令人滿意的操作性定義。❺」既然折舊很難正確估算，商務部選擇強調GDP，而不去強調NDP。

GDP v.s. GNP

國內生產毛額（GDP）衡量的是，一年內一國境內所生產的全部最終產品及勞務的市場價值。相對地，國民生產毛額（GNP）衡量的是一年內該國國民所生產的產出，無論它們是在何處生產的。

當豐田汽車在位於美國的工廠製造汽車時，這項產出的價值是美國GDP的一部分，計算方式就如同通用汽車在底特律生產的汽車一樣。然而，在計算美國的GNP時，豐田在美國生產的利潤要從最終產出裏扣除。相對地，豐田在美國的生產完全不計入日本的GDP，但是在美國所賺取的利潤卻要算入日本的GNP。*

就技術上而言，GDP排除海外的淨所得支付（有時稱為

---

* 譯注：GDP和GNP的不同在於，GNP計入了淨的國外要素所得，要素所得包含了本國人到外國工作的所得、本國人在外國投資的利得等等，要看所得者國籍的，而GDP是看國境的，兩者有點像是法律上的屬人主義和屬地主義的分別，GDP像屬地主義，GNP則像是屬人主義。以所得面來說，豐田美國廠的產出最後會以工資、利息、租金、利潤和權利金等方式分配出去，因此被日本人股東拿走的利潤要從美國的GNP扣除，算進日本的GNP之內。

國際要素支付淨額〔net international factor payments〕），而
GNP 則包括它們。所以，「淨出口」（EX－IM）在 GDP 和
GNP 中的定義是不同的 ❻。

　　許多分析家將 GDP 看作是有用的短期政策變數，因為它
看起來和就業、生產力、產業產出、固定投資等的關聯性比
GNP 來得密切。而 GNP 在分析所得的來源及去處時，則提供
比較多的資訊。近年來，許多統計機構開始使用國民所得毛
額（gross national income, GNI）這個詞，而不用 GNP。

　　在有些情況下，一國的 GNP 可能會比 GDP 小很多（當
支付了很多要素報酬給外國的資本或非本國居民的勞動）。
2004 年，GNP 對 GDP 的比例特別低的國家，有奈及利亞
（84%）、愛爾蘭（85%）、盧森堡（88%）。這些國家都有龐
大的外國投資，因此付出了可觀的匯出款，而使得 GNP 比較
低。當然，一國的 GNP 也會高於 GDP（若海外的資本和勞動
得到的報酬較多）。2004 年 GNP 對 GDP 的比例較高的國家，
包括科威特（112%）、瑞士（108%）、菲律賓（107%）。然
而大多數國家的 GDP 與 GNP 是相當接近的。美國於 1991
年，將衡量國家產出的標準從採用 GNP 改為用 GDP，然而這
兩種產出毛額的數值，差異非常的小 ❼。

跨時間與跨國的比較

因為 GDP 通常是以本國通貨的當期價格表示，為了方便做跨時間及跨國比較，有必要進行控制變數的調整。

調整物價變動因素

首先，產出的市場價值要做長期比較時，必須對總合物價水準（通貨膨脹）的變化做控制調整。例如，我們假設一國的實質產出（像是所生產的汽車數量、收穫的蘋果噸數）今年與前一年完全相同，但是每種產品的平均價格卻上漲了一倍。此時，名目 GDP（亦即，最終產出的市場價值）很明顯地也會上漲一倍，即使可供消費的產出數量（即該國的生活水準）完全不變。經濟學家為了處理這個問題，想出了一些方法來控制價格因素造成的干擾，以便能估算實質（經過通貨膨脹調整）的產出。美國商務部是在 1951 年，才開始公布官方所估計的實質 GNP。

長久以來，美國商務部官員倚賴固定價格法（fixed-price method）來估算實質 GNP（及後來的 GDP）。他們選擇一個基年（base year），假設是 1950 年，然後以基年當時的價格，來計算其他年份生產的最終貨品及勞務的價值。用這個

方法，因為價格維持固定不變，實質GDP將不會因通貨膨脹而增加。（而且只要將名目GDP除以實質GDP，經濟學家還可以得到隱含的物價平減指數〔implicit price deflator〕，這個總合物價水準指標，讓經濟學家能夠追蹤長期的整體通貨膨脹或通貨緊縮❽）。

　　然而，固定價格法不是完全沒有問題的。亞瑟‧伯恩斯（Arthur Burns）是商務部協助開發美國GDP會計帳的團隊成員之一，後來當上聯準會主席，他早在1930年時就注意到，基年這個方法沒有考慮到新產品的引進、舊產品的消失、現有產品的品質提升等問題。另一個相關的問題是，當某些貨品的相對價格下跌時，消費者購買的數量會增加，消費型態會隨著時間逐漸改變，以基年價格計算最後會扭曲了實質GDP成長率❾。離基年愈遠，這個問題（稱為替代效果〔substitution effect〕）就愈嚴重。就如同一位觀察家的解釋：「就拿1998年為例：如果以1995年為基年計算，以固定（價格）加權計算的實質GDP，當年的成長率為4.5%；如果用1990年為基年計算，當年的成長率為6.5%；如果用1980年為基年，則為18.8%；用1970年為基年，則是驚人的37.4%！❿」

　　商務部想要用經常更新基年的方法來處理這些問題，尤其是在1980年代，引進了各種調整產品品質變化（例如個人

電腦速度加快）的方法**⑪**。到目前為止，最大的一次改革是在1996年，商務部官員在計算實質GDP時，採用環比法（chained method）取代傳統的固定價格法**⑫**。在環比法當中，每年都是基年，但僅用於相鄰的前後年。官員們因此可以計算1995到1996年、1996到1997年、1997到1998年⋯⋯實質GDP的變化，然後把各個變化全部連結起來成為一條無縫的環。因為基年每一年都更新，環比法確實能計入市場出售的貨品及勞務品項上的變化。然而有個令人遺憾的副產品，就是經過環比物價指數調整之後，GDP的各個成分加總起來，不一定會等於實質GDP。

調整購買力上的差異

為了方便做跨國GDP比較，也有必要做一些調整。因為每個國家的GDP都是先以各國的國內通貨計算的，要做不同國家間的比較，必須轉換為相同的貨幣單位（例如美元）。市場匯率提供了一個方便的轉換方法，但是它們可能會誤導，因為市場匯率只反映出那些真正有做國際貿易的貨品及勞務。特別是在開發中國家，沒有在國際上交易的產品（從剪髮到健康照護），在GDP中的占比很高。如果使用市場匯率做轉換，同樣高品質的剪髮服務在印度約為5美元，在法

國約為 50 美元，這樣用市場匯率將 GDP 轉換為共同的通貨
單位來做比較的話，相對於法國，印度的產出就會被低估
了。

　　這個問題的標準解決方式是創造一個**購買力平價**
（purchasing power parity, PPP）指數，在計算每個國家貨品及
勞務的價值時，使用一個共同國家的價格（例如美國的價
格）。延續剛才剪髮的例子，在印度和法國的高品質剪髮的
價值，都使用美國同樣高品質剪髮的價格（假設為 40 美元）
來調整過。從 1960 年代晚期開始，幾個國際組織與美國賓州
大學一起合作，幫愈來愈多的國家估算了經過購買力平價
（PPP）調整後的 GDP（請見表 5-2）❸。

投資、儲蓄及海外借款

　　GDP 會計帳讓我們可以計算當期產出，以及衡量不同期
間產出的變動情形。許多經濟學家也相信，GDP 會計帳對於
經濟成長的來源與未來永續成長，能夠提供重要線索。

　　當然，投資是目前產出與未來產出之間最關鍵的連結。
GDP 會計帳不只告訴我們當期投資的價值，也讓我們可以找
出這項投資的資金來源。就如我們已經知道的：

表5-2　2005年各國的人均GDP，匯率v.s.購買力平價

	人均GDP，美元 （依市場匯率）	人均GDP，PPP （依購買力平價）	購買力平價 ／匯率
阿根廷	4,750	14,550	3.1
巴西	4,320	8,500	2.0
汶萊	107	703	6.6
柬埔寨	440	2,620	6.0
加拿大	35,071	34,053	1.0
中國	1,731	6,340	3.7
埃及	1,250	4,180	3.3
衣索比亞	126	822	6.5
法國	35,040	31,210	0.9
德國	33,820	29,760	0.9
印度	727	3,510	4.8
印尼	1,160	3,500	3.0
伊拉克	1,060	2,860	2.7
愛爾蘭	48,107	38,552	0.8
以色列	18,735	22,676	1.2
日本	35,777	30,620	0.9
馬來西亞	5,000	10,780	2.2
墨西哥	7,236	10,040	1.4
奈及利亞	655	1,250	1.9
挪威	64,153	43,310	0.7
菲律賓	1,120	4,730	4.2
俄羅斯	5,347	10,895	2.0
沙烏地阿拉伯	12,590	12,670	1.0
新加坡	26,870	34,220	1.3
南非	5,630	12,930	2.3
土耳其	4,950	8,100	1.6
美國	42,024	42,024	1.0

資料來源：Economist Intelligence Unit（EIU）Country Data, 包含EIU
的估計。

編按：2005年我國的人均GDP為16,532美元。

生產毛額＝C＋I＋G＋（EX－IM）

有趣的是，生產毛額經過加上移轉性支付（Tr）的調整之後，也等於所得毛額（gross income），也必然會等於消費（C）、民間儲蓄（S）、租稅（T）三者的總和，因為全部的所得最終必會用在這三個地方。因此，我們可以說：

生產毛額＝C＋I＋G＋（EX－IM）＝C＋S＋T－Tr

經過一些簡單的運算，會產生以下的等式，可以找出投資的來源：

I＝S＋（T－G－Tr）＋（IM－EX）

此處 T－G－Tr（政府預算盈餘）反映的是政府儲蓄，而 IM－EX（淨進口）反映的是海外借款，因為進口超過出口的部分，只有透過向國外借款才會發生。

這告訴我們，投資的資金來自這三種基本來源：民間儲蓄（個人儲蓄加上企業的保留盈餘）、政府儲蓄（政府預算盈餘）、海外借款（淨進口）。如果一個國家希望投資能夠增加，就必須降低民間消費（才能增加民間儲蓄），或降低政府支出（才能增加政府儲蓄），或增加向海外借款，或三者都一起做。（請見表5-3）

表5-3　投資、儲蓄及海外借款（美國，2005年）

	十億美元	占GDP的比重
民間投資（I）	**2,057.4**	**16.5%**
[＝民間儲蓄＋政府儲蓄＋淨海外借款]		
民間儲蓄，毛額（Sp）	**1,672.3**	**13.4%**
個人儲蓄	−34.8	−0.3
未分配企業利潤（經過存貨估價及資本 　　消耗調整）	354.5	2.8
民間對固定資本的消耗（折舊）	1,352.6	10.9
應付工資減去已支付工資	0.0	0.0
政府儲蓄，毛額（S_G）	**−457.3**	**−3.7%**
[＝政府收入−政府支出＝預算盈餘]		
政府收入（稅收）總額，各級政府[a]（T）	3,586.3	28.8
政府總支出，所有各級政府，包含所得 　　移轉[b]（G+Tr）	4,043.6	32.5
淨海外借款（IM-EX）	**771.4**	**6.2%**
[＝淨進口＝進口−出口][c]		
統計差異	**71.0**	**0.6%**

資料來源：美國經濟分析局。

[a] 減去資本移轉性收入

[b] 減去資本移轉性支付及非產出資產的購買淨額

[c] 減去淨所得收入、淨轉入、淨資本帳流入

雖然國民經濟會計帳無法告訴我們，哪種資金來源比較好，但有些研究經濟發展的學者指出，海外借款的波動性比國內儲蓄大，因此不是投資的可靠來源。此外，當一個國家的海外借款很大時，常會有批評的聲浪，警告該國是在透支度日，因為海外借款（亦即，IM－EX＞0），代表這個國家的國內支出（C＋I＋G）超過國內產出（GDP）。這就是為什麼當一個國家有大額且持續性的經常帳赤字時，分析家有時會認為這樣的經濟成長是不能永續的❹。

墨西哥在1990年代初期，實質GDP是成長的，但當時的成長是（至少部分是）由不斷增加的海外借款來推動的。許多國家分析師認為，經常帳赤字超過GDP的5%，就是危險的訊號。墨西哥的情況是，經常帳赤字占GDP的比重從1990年的3%增加到1994年的7%。這種轉變從GDP會計帳上也可以看得出來，同一期間，淨進口（IM－EX）占GDP的比重從1.1%增加到4.8%。換言之，外國資本以及外國貨品及勞務，紛紛湧入這個國家。

一些外國投資人及墨西哥的許多官員都聲稱，龐大的資本流入反映出投資人對墨西哥經濟遠景的高度信心。然而，總投資（占GDP的比重）是下降的，消費是上升的，墨西哥看來像是靠著透支在過日子，它進口外國貨品及勞務（用海

外借款），並且將新增的產出用在消費，而不是投資上。墨西哥終於在 1994-1995 年發生嚴重的貨幣危機，消費隨著披索匯率一起大跌，而之前幾年的榮景幾乎都消失了。雖然專家對於這波危機的確實肇因沒有共識，但如果仔細檢視崩潰之前該國的 GDP 會計帳，或許早就能看出問題的癥兆。

第6章

看懂國際收支報表

在總體經濟學的領域中，國際收支（Balance of Payments, BOP）會計帳和GDP會計帳屬於同一個家族。事實上，兩者都是總體經濟學家工具箱裏不可或缺的工具。GDP報表呈現的是一國的產出及其組成，而BOP提供的是一國的跨境交易的紀錄。和GDP帳一樣，在BOP帳中出現的所有數字都是流量，表示出口或進口、所得的收入或支出、新增的海外借款或放款，都是在一段特定的期間內（通常為一年）發生的。本章呈現的是BOP會計帳的入門知識，以及閱讀和解釋BOP報表的最佳策略。

典型的國際收支報表

BOP報表通常至少包括以下這些項目（或許會有些小差

異）：

經常帳

- 貨品及勞務貿易餘額
  - 商品（貨品）貿易餘額
  - 勞務貿易餘額
- 淨所得（淨要素收入）
- 淨單方移轉

資本及金融帳

- 淨資本帳
- 金融帳
  - 淨外國直接投資
  - 有價證券投資淨流入
  - 其他資本流入，淨額
  - 官方準備的變動
- 誤差與遺漏（統計差異）

在此解釋其中一些項目。在經常帳（current account）
下，商品（或貨品）為有形的產品，範圍可從原料到製成

品。勞務為無形的產品，像是運輸、投資銀行業務、諮詢顧問服務等。所得的收入及支出，包括跨國投資的報酬（例如利息、股利、收益匯回款或轉投資收益）、跨國勞動的酬勞（包括工資及薪資）。單方移轉（unilateral transfers）有時稱為「當期淨移轉」（net current transfers），為非互惠性的交易，例如外人援助或跨國慈善協助（例如紅十字會）。

　　至於「資本及金融帳」（capital and financial account），首先需要解釋的是標題本身。以前，大多數國家都將所有的跨國金融交易（亦即，資產及負債上的變動）記錄在「資本帳」（capital account）中。然而，從1993年起，國際貨幣基金（International Monetary Fund, IMF）將「資本帳」的名稱改為「金融帳」（financial account），然後對資本帳這個名稱，做了新的、範圍小很多的定義（也使得事情變得更複雜）。在這個新定義之下，全球現在廣為接受的資本帳，只包含了資本的單方移轉，例如一國政府對他國債務的豁免。大部分的情況下，新定義的資本帳在國際收支中是很小的項目（幾乎可以忽略）。

　　新的「金融帳」則重要得多，因為它包含了其他所有的金融交易，例如股票及債券的跨國交易。雖然分析家有時在使用「資本帳」這個名詞時，心裏想的仍然是舊的、廣義的

定義（像是在說到「資本帳自由化」時）；但是大多數的政府現在都用IMF對資本帳及金融帳的新定義，來編制他們的國際收支報表。

至於在金融帳下的項目，直接投資（有時稱為「外國直接投資」〔foreign direct investment, FDI〕）包含了跨國購買一家公司的股權——股權大到足以影響公司的經營（通常大於10%）。例如1998年戴姆勒—賓士（Daimler-Benz）買下克萊斯勒（Chrysler），這代表德國在美國的FDI。相對地，有價證券投資（portfolio investment）為跨國購買股票、債券及其他金融工具（但集中度不足以產生經營上的影響）。有價證券投資有時被稱為「熱錢」（hot money），因為有價證券投資人常常賣掉他們手上的有價證券，迅速將錢匯出國外。「官方準備（official reserves）的變動」反映出政府持有的貨幣性黃金（monetary gold）及外匯存底的增減。最後，「誤差與遺漏」為編制BOP資料時產生的統計差異。

了解貸方和借方

當我們在看國際收支報表（例如在本章最後的表6-1的例子），很重要的是要知道每一筆跨國交易都要有兩個分錄

（entry），一個在貸方（credit），一個在借方（debit）。這表示出現在 BOP 報表上的各種正的或負的餘額，最後加起來必定為零❶。

　　所以，了解貸方和借方的差異，當然就很重要了。一個能幫助大家思考的方式是，資金（例如外匯）的每筆來源都是貸方，而資金的每筆使用都是借方。

　　在經常帳上，貨品及勞務的出口、所得收入（例如利息、股利、或從國外獲得的報酬）、從海外得到的單方移轉，都屬於貸方，因為它們都可以想成是外匯的來源。相反地，給外國人的付款及給外國人的單方移轉全都是借方，因為它們都可以想成是外匯的使用。

　　在金融帳上，也可以應用同樣的基本規則。外國人購買本國的金融資產，這會構成資本流入（向國外借款）登錄在貸方，因為它們是外匯的來源。本國人購買外國的金融資產，構成資本外流（借款給外國），登錄在借方，因為它們使用了外匯。（請見圖6-1）

　　要區分財務報表上的借方及貸方，有個比較精確的方法，就是以資產（asset）和負債（liability）的變化來思考。資產代表本國對外國人的請求權，而負債則代表外國對本國居民或機構的請求權。因此，本國居民存在外國銀行裏的存

圖6-1　國際收支表上的借方與貸方

借方（－）	貸方（＋）
例子：	例子：
• 進口	• 出口
• 所得的支出（例如支付給外國人的利息及股利）	• 所得的收入（例如海外投資賺得的利息或股利）
• 對外國人的單方移轉（例如對外援助或給予外國的慈善捐款）	• 從海外獲得的單方移轉（例如外國人的援助，或外國人給予的慈善捐款）
• 資本流出（例如國人在外銀的存款增加，或是國人購買外國公司、股票或債券）	• 資本流入（例如外人在本國銀行的存款增加，或是外國人購買本國企業、股票或債券）
• 官方準備增加（政府的黃金或外匯存底）	• 官方準備減少（政府的黃金或外匯存底）
規則（關於BOP的借方）：	規則（關於BOP的貸方）：
• 外匯的使用	• 外匯的來源
• 資產的增加（亦即，國內對外國機構的請求權增加了）	• 負債的增加（亦即，本國對外國人的義務增加了）
• 負債的減少（亦即，本國對外國人的義務減少了）	• 資產的減少（亦即，本國對外國機構的請求權減少了）

款，是資產；而外國人存在本國銀行的存款，是負債。從會計的立場來說，任何負債的增加，或資產的減少，都記錄在財務報表的貸方，而任何資產的增加或負債的減少，都記錄在借方。當一個外國人獲得本國股票、債券、或銀行帳戶

（資本流入的三種形式），就以財務報表的貸方來表示，因為這使得本國對外國人的負債增加了。當本國居民獲得外國股票、債券、或銀行帳戶（資本流出的三種形式），則以財務報表的借方來表示，因為資產（對外國人的請求權）增加了。

　　現在我們來看看一筆交易在這個報表上是如何處理的。假設一家美國公司向一家中國公司購買一千支手機，貨款以一家美國銀行的支票支付❷。在這種情況下，我們將會看到在美國經常帳上有一筆借方（－）登錄，反映出從中國**進口**了手機；同時，我們還會在美國的金融帳上看到一筆貸方（＋）登錄，反映出美國的銀行用支票支付給中國公司的貨款。一旦那張支票抵達中國，就代表對美國的請求權，因此**本國（美國）對外國人的負債增加了**。在中國用這筆請求權購買任何種類的美國貨之前，只要中國人持有這張支票（或轉換成任何其他金融工具），都構成中國對美國的一筆放款——而中國可以在未來任何時候討回來。

　　有些時候，官方會把一筆交易的其中一方登錄錯誤，或是根本就漏掉了。誤差與遺漏項，即是反映出所有這類差異的淨額。其計算的方式就是確保整個國際收支表中所有項目（包含誤差與遺漏）的總和為零，也就是將國際收支表中的

其他項目加總起來，然後反轉其正負號。通常，這個最後一行的錯誤及差異都是無害的。但是，在有些情況下，會發現誤差與遺漏項的數字很龐大，那是因為有國際間大量的產出或資本的移動被政府當局刻意隱瞞起來，例如非法藥物（毒品）或大量的美元跨境偷運。如果開發中國家的富豪偷偷地以行李運送美元現金進入美國，這筆資本的祕密移轉在此開發中國家的國際收支帳上，將會出現在借方的誤差與遺漏項，而在美國的國際收支帳上，則會出現在貸方的誤差與遺漏項。事實上，當一國發生嚴重的金融危機，有時候在危機發生的數個月前，我們在該國的國際收支表中可以看到不尋常的大額誤差與遺漏項，表示一些「知情人士」在崩盤前祕密地將資本運出該國（亦即，資本外流）。

BOP會計帳的威力與陷阱

顯然一國的國際收支帳可以揭露很多事情。然而，應該不意外的是，並不是每個國家的BOP報表都以相同的方式處理。以美國的BOP來做說明，表6-1所示的美國BOP報表，與本章一開始所呈現的一般型態，略有出入。尤其美國報表中的經常帳，一開始就分為「出口」和「進口」，而金融帳

表6-1　美國的國際收支，1960-2000年（單位：十億美元）

		1960	1970	1980	1990	2000
(1)	**經常帳**	**2.8**	**2.3**	**2.3**	**−79.0**	**−411.5**
(2)	出口	**25.9**	**56.6**	**271.8**	**535.2**	**1,071.1**
(3)	貨品	19.7	42.5	224.3	387.4	772.0
(4)	勞務	6.3	14.2	47.6	147.8	298.1
(5)	進口	**−22.4**	**−54.4**	**−291.2**	**−616.1**	**−1,445.4**
(6)	貨品	−14.8	−39.9	−249.8	−498.4	1,224.4
(7)	勞務	−7.7	−14.5	−41.5	−117.7	−221.0
(8)	所得收入	4.6	11.7	72.6	171.7	346.9
(9)	所得支出	−1.2	−5.5	−42.5	−143.2	−327.3
(10)	單方移轉，淨額	−4.1	−6.2	−8.3	−26.7	−55.7
(11)	**資本及金融帳**	**−1.8**	**−2.1**	**−23.2**	**53.8**	**455.5**
(12)	資本帳，淨額	0	0	0	−6.6	−0.8
(13)	**資產，淨額**	**−4.1**	**−8.5**	**−85.8**	**−81.2**	**−569.8**
(14)	美國官方準備 資產，淨額	2.1	3.3	−7.0	−2.2	−0.3
(15)	美國政府（非準備） 資產，淨額	−1.1	−1.6	−5.2	2.3	−0.9
(16)	美國私人資產，淨額 其中：	−5.1	−10.2	−73.7	−81.4	−568.6
(17)	直接投資	−2.9	−7.6	−19.2	−37.2	−159.2
(18)	外國有價證券	−0.7	−1.1	−3.6	−28.8	−121.9
(19)	**負債，淨額**	**2.3**	**6.4**	**62.6**	**141.6**	**1,026.1**
(20)	對外國官方機構	1.5	6.9	15.5	33.9	37.7
(21)	美國政府有價證券	0.7	9.4	11.9	30.2	30.7
(22)	其他負債，淨額 其中：	0.8	−0.6	47.1	107.7	988.4
(23)	直接投資	0.3	1.5	16.9	48.5	321.3
(24)	美國國庫債券	−0.4	0.1	2.6	−2.5	−76.9
(25)	其他有價證券	0.3	2.2	5.5	1.6	455.3
(26)	**統計差異**	**−1.0**	**−0.2**	**20.9**	**25.2**	**−44.1**

資料來源：美國經濟分析局

請注意，BOP報表中的「資產」及「負債」都是指在報表所示的當年或當季，資產及負債的變動，並不是該年或該季所持有的總資產或總負債。例如，表6-1中，美國在2000年所持有的外國資產增加了5,698億美元（再提醒一次，資產的增加，是登錄在借方），而美國對外國人的債務增加了10,261億美元（負債的增加，登錄在貸方）。雖然美國持有外國資產的總額以及外國人持有美國資產的總額，數量一定大得多，但是在BOP報表上並不會顯示。

一開始就分為「資產」及「負債」。此外，統計差異項（誤差與遺漏）則是出現在資本及金融帳之外，而不是在裏面。

　　然而，如果你理解BOP會計帳的基本原則，當你要研究一個國家的國際收支時，這樣的變化應該不會造成太大的問題。的確，要弄清楚一國的國際收支狀況，值得我們做這樣的努力，因為它提供了獨一無二的窗口，讓我們得以一窺一個國家的跨國交易，以及更廣泛的是，這個國家與全球經濟的關聯性。

第 7 章

了解匯率

每個從事跨國交易的人，和匯率搏鬥是生活中不可少的殘酷事實。雖然沒有人能夠有全然的自信可以預測一種通貨在某一段期間內的走勢——能猜到會升值還是貶值就夠厲害了，更別提會升貶多少——但我們還是可以找到可能影響匯率走勢的一些短期或長期關鍵因素。本章對於最重要的一些因素，以及它們為什麼重要，還有它們是如何相互影響的，提供簡要的檢視。

經常帳餘額

一個國家的貿易餘額——或更精確地說，它的經常帳餘額——是會影響匯率的因素之一。舉例而言，如果有一個國家國內的消費者愈來愈哈外國貨，推測這個國家的經常帳餘

額會惡化，以及它的通貨會貶值。當國內對於外國貨的需求增加，買外國貨需要外幣，外幣的價格會上升，本國的貨幣就會貶值。

然而，會造成經常帳赤字的因素，不只是對貨品及勞務的蓬勃需求（無論是對外國貨還是本國貨）。舉例而言，如果一個國家的**金融**資產愈來愈受到外國人的青睞，該國的經常帳餘額也會惡化（金融帳餘額變好的副作用），但是該國的通貨卻很可能是升值的。之所以會發生貨幣升值，是因為外國人對本國金融資產的需求增加了，因而需要該金融資產計價的貨幣。在這時候，經常帳赤字會帶來貨幣升值，而不是貶值。

原則上，關鍵問題不在於一國的經常帳是有盈餘還是赤字，而是造成盈餘或赤字的背後因素——像是對貨品或勞務的需求，或是對資本的需求。外國對本國貨品及勞務的需求增加，可能支撐本國經常帳餘額和貨幣幣值都上升，然而，外國對本國金融資產的需求增加，則可能造成本國貨幣升值，即使經常帳其實是惡化的。

正因為在實務上很難將這些因素區分開來，專家們對於某個特定國家的經常帳盈餘或赤字可能會如何影響匯率，常常有不同的看法。然而，**一般而言，持續性的經常帳赤字似**

乎更常伴隨著長期的貶值，而非長期的升值（反之，同樣的
推論應用在持續性的經常帳盈餘狀況，也能成立）。

通貨膨脹及購買力平價

　　可能影響匯率的另一個密切相關的因素是通貨膨脹。一
般而言，當一個國家的通貨膨脹一直都高於另一國時，經濟
學家會預期，這個國家的通貨相對於另一國會貶值。

　　要了解這一點，一個方法是聚焦在貿易（或經常帳）餘
額——尤其是國內對外國產品的需求情形。X 國的物價上升
（亦即，通貨膨脹）會使 X 國的消費者對 Y 國的進口品興趣增
加，假設 Y 國的物價上升得比較慢的話。結果，X 國對 Y 國
的貿易餘額會惡化，且貨幣會貶值（因為國內對 Y 國貨品的
需求增加，因而對 Y 國貨幣的需求也增加）。

　　經濟學家通常將這個通貨膨脹與匯率之間的關聯性，透
過匯率的購買力平價模型來檢視。基本的概念是衍生自所謂
的「一價法則」（Law of One Price），也就是一單位的通貨
（假設是一美元），除去運輸成本和租稅後，應該在每個國家
都有相同的購買力。然而，通貨膨脹會損害這個平價關係
（parity）。例如，如果美國的物價上升得比英國快，美國人會

發現一美元在英國比在美國可以買到更多的東西（美國因為通貨膨脹造成現在美國的物價高於英國）。要回復購買力平價，美元必須對英鎊做貶值，直到一美元在美國可以和在英國買到相同數量的貨品及勞務為止。也就是說，有較高通貨膨脹的國家的通貨會傾向於貶值。

利率

利率是影響匯率行為的另一個重要的因素。事實上，許多金融專家及外匯交易員，將利率視為最有力的影響匯率的單一因素，尤其是在短期間。

在實務層面，當一個國家利率相對於其他國家上升時，該國的通貨會傾向於升值（當利率下降時則傾向於貶值）。此處的基本邏輯是，一國的利率上升，會使得外國人受到資金報酬率較高的願景所吸引，想在該地投資。而外國人競相在該國金融市場投資，所造成的資本流入將會推升該國貨幣的價值。

然而，經濟學家所開發的一種非常重要的匯率模型——「未拋補利率平價模型」（uncovered interest rate parity model），似乎有非常不同的預測結果。根據此模型，如果 A 國利率上

升高於 B 國時（假設沒有其他額外的投資風險），那麼我們應該可以預期 A 國的貨幣會立刻升值，但是升值之後會再**貶值**。此模型背後的基本推理同樣是出自「一價法則」。在既定的風險水準下，一美元（或一歐元，或一日圓）無論投資在何處，應該要賺取相同的平均報酬。因此，如果一個國家有比較高的利率，那麼投資人應該可以預期該國的通貨最終一定會貶回來——而且貶值的幅度正好足夠消除在當地投資所獲取的額外報酬。

雖然這個利率平價模型在觀念上是無懈可擊的，在實務上卻無法永遠成立。大多數的研究都顯示，一國利率上升，貨幣會傾向於升值，利率下降則傾向於貶值，並非反方向移動的。

理解匯率的意義

那麼，我們應該如何理解匯率的變化呢？也許最重要的一點就是：外匯市場是無法預測的——無論我們受過多少經濟訓練，這都永遠成立。（請見下節「美元：跌破專家眼鏡」。）正如《金融時報》的專欄曾經觀察到：「要解釋外匯市場的走勢，一直以來都是困難的……你問 10 個外匯交易

美元：跌破專家眼鏡

　　美元在2005年及2006年打敗了許多這個行業佼佼者的預測，包括億萬富翁華倫·巴菲特（Warren Buffet）及前財政部長羅伯·魯賓（Robert Rubin）。這兩人都相信美國的鉅額經常帳赤字（2004年占GDP的5.7%，2005年占比為6.5%）最終會迫使美元貶值。雖然長期來看，他們可能是對的——魯賓說他認為他的預測「在機率上是正確的」——但美元拒絕照劇本演出崩盤戲碼，這兩人在短期內都損失慘重。巴菲特的波克夏投資公司（Berkshire Hathaway）據說損失將近10億美元，而魯賓自己的錢則損失超過100萬美元。[a]

　　重點在於，即使是全世界最具聲望的權威人士，也無法確切知道未來貨幣的走勢。根據基本面所做的預測，包括本章所提到的各項因素，應該會提高猜對的機率，但無法保證任何預測會成功。就如魯賓所說，匯率預測，我們最多只能盡量「在機率上正確」。

[a]　David Leonhardt, "A Gamble Bound to Win, Eventually," *New York Times*, November 1, 2006.

員，可能會得到10個不同的解釋。」❶

　　然而，雖然匯率常常是動盪的，而且從來都不能完全預測，但認定它們仍受制於基本的市場供需力量，這樣的結論仍然是合理的。因為匯率只是一種貨幣用另一種貨幣計算的價格，任何提升此種貨幣的需求（或降低另一種貨幣需求）的因素，都會製造升值的壓力；任何降低此種貨幣需求（或提升另一種貨幣需求）的因素，都會製造貶值的壓力。

　　例如，美國對外國貨品或金融資產的需求突然增加，則美元會有轉弱的傾向（同時其他貨幣會轉強）。歐洲通貨膨脹突然上升，歐元會有轉弱的傾向，而同時美元會轉強。英國利率無預警地升高，可能會使英鎊轉強，尤其是在短期，雖然根據一價法則，長期而言英鎊會再貶值。

　　事實上，為什麼在實務上匯率走勢這麼難以預測，原因在於通貨同時受到各種壓力的作用——總合需求的上上下下、政府對貨幣的干預、利率走勢、本國及其他國家的通貨膨脹、金融危機、政治危機、石油危機、新科技、預期心理的驟然改變、以及其他種種。一般而言，最佳的預測可能是要看：

• **利率**的短期變化（利率漲跌會造成快速的升貶值）

- **通貨膨脹**的中期走勢（相對的高通膨會帶來貶值，相對的低通膨則升值）
- **經常帳失衡**的長期走勢（赤字帶來貶值，盈餘則升值，但需要稍長的時間）

　　雖然沒有完美的預言家，這些簡單的關聯性至少是合理的基本法則，可以提供給想要在愈形複雜及動態的全球經濟環境中搞懂匯率的企業經營者（或外國投資人或旅客）參考。

總體經濟學的完整圖像

前面幾個篇章已經涵蓋了總體經濟學的許多內容。為了讓大家有正確的理解,我們再回到第一篇中的總體經濟學三大核心觀念:產出、貨幣及預期心理。這三個觀念,以及它們之間的重要關聯性,以圖形的方式呈現於圖C-1。

產出

產出就是一個經濟體所生產的全部貨品及勞務,是總體經濟學的核心。一個國家產出的數量(或更精確地說,每人產出的數量),決定了這個國家的富裕程度。全國產出的一個標準指標為國內生產毛額,或稱為GDP。名目GDP計算的是總產出——以當期市場價格計算——也就是一個國家在一年當中所生產的全部貨品及勞務。雖然一國的消費可以暫時

圖C-1　總體「M」型圖

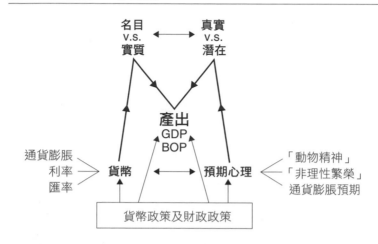

性地超過其生產，但這是靠著進口多過出口，以及靠著向外國借款來支應消費與生產之間的差額。所有的跨國境的交易都會登錄在該國的國際收支（BOP）報表中。

貨幣

　　一個國家中的貨品及勞務的交換要能順利進行，貨幣扮演關鍵的角色。貨幣也影響其他許多重要的經濟變數，包括利率、匯率及總合物價水準（通貨膨脹）。一般預期貨幣供給增加，會使利率下降、造成匯率貶值、及推升總合物價水

準。

　　當物價水準上升時，名目價值會隨之上升，但是實質價值是不會上升的。名目價值（例如名目GDP或名目工資），是以當期的市場價格來衡量，而實質價值（例如實質GDP或是實質工資）則是以**固定**價格衡量，經過通貨膨脹調整之後反映出生產的數量。舉例來說，實質GDP成長5%，表示產出──總體經濟學最注意的變數──增加了5%，無論通貨膨脹率是多少。雖然通貨膨脹本身決定於許多因素，但是貨幣可能是最重要的一個因素。

　　實際上，正因為貨幣在經濟中是這麼重要的因素，全世界的政府都將貨幣供給的管理視為是政府的權責，通常將這項責任交付給獨立的中央銀行。雖然中央銀行無法完全控制貨幣供給（因為有一大部分是由民營的商業銀行以活期帳戶的方式創造出來的），但是中央銀行對貨幣供給可以有很大的影響力──例如央行可以決定通貨發行的數量。中央銀行影響貨幣供給的基本工具有貼現率、法定準備、以及公開市場操作。在美國，現在幾乎所有的貨幣政策都是透過公開市場操作來執行，也就是在次級市場上買賣政府債券。透過這樣的公開市場操作（擴張或緊縮貨幣供給），央行可以有效地訂定短期利率，這是大家公認的現代貨幣政策最主要的工

具。

央行官員在執行貨幣政策時，通常有許多目標。他們希望能在永續的情況下將經濟成長維持在最高水準；他們希望將失業率保持在最低水準；他們要維持匯率穩定；他們希望利率保持在合理的水準（不要打擊到投資意願）；他們希望將通貨膨脹率維持在低檔。雖然央行官員在理想上，想要同時達到所有這些目標，但現在廣泛的共識是最主要的目標必須是穩定物價水準。達成這個目標的一項策略是「目標通膨」（inflation targeting），它要求央行官員當通貨膨脹開始超過目標水準時——例如2%——就提高利率（以放緩貨幣成長的方式），當通貨膨脹有可能低於這個目標時，就降低利率（以加速貨幣成長的方式）。

預期心理

最後，以總體經濟學的各種面向來看，預期心理都是最強的推動力量，不管在好的方面或壞的方面——尤其是在短期。如果個人及廠商預期會有通貨膨脹，他們先採取行動要求加薪及提高售價，結果就真的創造出通貨膨脹了。如果外匯交易員因為預期美元要貶值了，一窩蜂地賣出美元，大多

數情形下，美元會立刻被他們賣得貶值了。利率也是同樣的。如果債券交易員預期利率要升高了，為了控制自己的資本損失，他們賣出債券，結果會推動長期利率升高。

　　負面的預期心理若牽動整個經濟時，效果尤其猛烈。如果大多數的企業經營者，對於未來的需求突然轉趨悲觀時，他們悲觀的看法將會自我實現。他們可能會為「壞日子」先做準備，取消掉一些投資計畫、裁減員工，因此造成總合需求降低。而消費者及企業經營者為了因應需求的降低，更進一步削減消費及投資，此時，凱因斯的所得乘數會發揮反向作用，有可能就啟動了災難式的惡性循環。當這種情形發生時，因為許多生產性資源（包括人力及設備）會遭到閒置，**真實**GDP會下降到低於**潛在**GDP。此時實質GDP滑落，失業增加，物價也可能下跌。（相反地，如果人們對於他們的經濟財富太過樂觀，他們會將需求推升到超過整個經濟體真正的生產能力，當這種情況發生時，真實GDP會上升到超過潛在GDP，經濟會「過熱」，通貨膨脹會上升——這些全都是因為「非理性繁榮」的預期心理。）❶

　　就某種意義而言，總體經濟政策的主要工作之一就是管理預期心理。在1930年代大蕭條期間，實質GDP大幅下滑，失業率攀升到令人心驚的水準，當時英國經濟學家凱因斯建

基本觀念，廣泛應用：從酪農到負債國家

讀者毫無疑問已經注意到了，本書的許多說明案例
——例如第二章中的農夫比爾借給農夫湯姆10頭牛——
是編造的。但因為這些說明用的例子，其根源是基本的經
濟問題及議題，當讀者應用它們來了解真實世界的經濟現
象時，應該可以證實這些例子的有用性。

在我們的酪農例子中，比爾在年初借給湯姆10頭乳
牛，而湯姆承諾以現金償還這筆借貸，並支付10%的利
息。由於每頭乳牛最初的價格是1,000美元，湯姆同意在
年底支付11,000美元給比爾（包括原來的10頭乳牛再加
上1頭，以充當利息）。當乳牛價格上漲10%時，問題來
了，這表示比爾用最後拿到的11,000美元，只能夠買回原
來的10頭乳牛——而不是11頭。雖然這個例子在說明實
質利率與名目利率時很有用，但是你們可能會認為它是極
不符合實際狀況的。畢竟，借貸在借和還的時候不是應該
都用貨幣嗎？你什麼時候聽過借貸是以貨品借出，而以貨
幣償還的？

其實，這個例子並不像看起來那麼不符合實際。事實
上，美國整體貿易赤字就是這種類型的借貸。以美國對日
本的貿易逆差為例，每年日本出口到美國的產出（例如汽

車及電子產品）都多過從美國進口的產出。這之間的差額，都是實質的貨品及勞務（實質產出），相當於是借給美國的。而相對的，日本人收到的是美國的金融資產，是未來會以美元償還的承諾。日本就像我們例子中的第一位酪農，借出了實質產出，換得未來以美元償還的承諾。理想上，因為日本人拿到的金融資產會產生利息及股利（當然還是美元），因此合起來應該能夠在未來給予日本人更多的實質產出，就像第一位酪農預期能夠用 11,000 美元買到 11 頭新的乳牛一樣（比原先借出去的多一頭）。如果美國在這一年中發生了通貨膨脹，日本人將會面臨一個問題，就是到時所能得到的貨品及勞務，將比他們當初的預期要來得少（就像乳牛的價格上漲後，第一位酪農意外地發現這筆借貸所得到的收益，只能買到 10 頭牛，而不是 11 頭牛 [a]）。顯然，通貨膨脹不只危及酪農，而是在實務上會對所有的放貸者和借款人都有深遠的影響，包括全世界的放貸國和借款國。

　　雖然這只是一個例子，然而實務上像這樣的情況卻是多到數不清。總體經濟學的基本原理，如果妥善應用，將能對一個國家及全球的經濟及企業事務，提供真知灼見。

[a] 類似地，如果美元相對於日圓貶值，也會使日本放貸者可獲得的日本貨品及勞務，比當初放貸時所預期的少。

議採取積極的赤字支出（擴張性財政政策）來幫助扭轉頹勢。在他的觀點中，龐大的赤字會創造對貨品及勞務的新需求，因此會引導人們的預期心理轉向樂觀。當消費者及企業經營者變得比較有信心時，他們就會增加支出，啟動良性循環，經濟將會回到正軌。（原則上，政府決策者也能在經濟過熱時期，以預算盈餘方式，降低需求，來冷卻預期心理，但是在實務上，預算盈餘策略比較罕見。）

預期心理不只在財政政策上很重要，在貨幣政策上也是如此。中央銀行信守承諾，只要通膨一出現就給予痛擊，將有助於消除**通貨膨脹預期心理**，因此可能根本不需要用到反通膨武器。同樣的基本概念，也適用於控制通貨緊縮。如果央行官員擺明了只要物價水準有一丁點的下滑，就會積極處理，人們就不太會有通貨緊縮的預期心理，結果，通貨緊縮也就不太可能會發生。

總體經濟學的使用及誤用

總體經濟學可以教我們許多事情，應該是毫無疑問的。同時，也應該謹記在心，總體經濟學是非常不準確的科學。對於一個人或一個國家的經濟遠景過分有信心，是很危險的

事，同樣地，太相信一個人對總體經濟運作的了解，也是很危險的事。在理論上無懈可擊的經濟關聯性，在實務上不會永遠成立。在此提出兩個例子：當貨幣供給增加時，利率不是每一次都下降；而且赤字支出不是每次都能改善停滯的經濟。

如果事實就是如此，為什麼還要研讀總體經濟學呢？答案簡短地說，就是總體經濟理論提供我們一套基準，可以用來和實際情形作比較，以及用來評估實際情形；更廣泛地說，總體經濟理論提供我們理解經濟事件的一套架構。當標準的總體經濟關係在實務上崩解時（例如儘管貨幣供給增加了，利率卻是上升的），如果對於總體經濟學有很好的理解，應該能幫助我們問對問題，並找出是什麼因素造成這樣的背離。

不幸的是，一些總體經濟學的研究者對於所學是如此的自信，拒絕去了解這樣的背離，寧可相信教科書上的經濟關聯性是不可侵犯的規則。這樣的傲慢自大（或心胸狹窄）當影響到總體經濟決策時，就會變成社會的大災難。相信自己完全了解某項刺激措施會如何影響整個經濟的人，是非常危險的政策制定者。

好消息是，總體經濟學的基本原則——產出、貨幣及預

期心理之間的關聯性——如果很謹慎去解讀，會有很大的啟發性。在此必須承認，本書這麼短的篇幅只夠我們碰觸到總體經濟知識的皮毛。但如果你小心觀察，你將會注意到我們在本書探討過的基本原則和經濟關聯性，將有助於解釋十分廣泛的經濟現象，這些現象中有許多會影響到經營環境——更正確地說，會影響到我們所有人（包括企業經營者）日常決策相對的風險及報酬。

注釋

第一章

❶ 沒有賣掉的產品也算是GDP的一部分。精確地說,是被歸類為企業存貨的增加,因此是一種隱性的企業支出(投資)。

❷ 在概念上,電鋸剛買入時會增加國家總產出的價值(投資類),然後隨著時間過去而折舊,因而逐漸抵銷掉所增加的總產出(也就是說,它本身在生產過程中會逐漸被消耗掉)。這個方法會產生國家總產出的一個淨的衡量指標(亦即,減去折舊),一般稱為國內生產淨額(net domestic product)或是NDP。然而,因為折舊很難衡量,所以在計算國家總產出時常常忽略它。因此,通常經濟學家及政策制定者對國內生產毛額(GDP)的倚賴遠大於國內生產淨額(NDP)。

❸ 很重要的一點是,所得不等同財富。你的所得是你每年因為被雇用及投資所分配到的報酬,所賺到的總額。財富反映的則是投資的本體,是你過去經年累月累積的儲蓄所產生的。

❹ 國家會想要有貿易順差(和積極地拓展海外市場)的另一個理由,是要使國內生產貨品及勞務的需求增加——或者換個

177

方式來說，是要確保他們的產品有出路。在本章稍後及第三章，我們會回來討論總合需求管理（aggregate demand management）的觀念。

❺ 透過組織重整及專業分工如何提升效率的典型案例，出自十八世紀經濟學家亞當‧斯密（Adam Smith）。亞當‧斯密主張適當的勞動分工可以大幅增加效率。他用別針的製作過程來說明這一點，他說「一名未受過這個行業訓練的工人……也許竭盡所能，也很難在一天內做好一支別針，更別提要做二十支。」然而，他繼續解釋，如果適當地切割這個工作，並分配給十個工人來做，這些工人將能生產「一天高達四萬八千支別針」。訣竅在於讓每名工人專業化。「一人拉出鐵線，另一人將鐵線拉直，第三個人切斷鐵線，第四個人削尖鐵線，第五個擠壓頂端好安裝頭部」等等。請見亞當‧斯密《國富論》（*An Inquiry into the Nature and Causes of the Wealth of Nations*, 1776, bk. I, ch. 1, para. 3.）

❻ Herbert Hoover, address to the American Bankers' Association, Oct. 2, 1930.

❼ Franklin Roosevelt, inaugural address, March 4, 1933.

❽ John Maynard Keynes, *The Means to Prosperity* (New York: Harcourt Brace, 1933).

❾ 有些型態的財富——像是玉米或其他農產品的存貨——可以真的直接拿來消費，但大部分財富是做不到的。

❿ 資料來自《經濟學人》雜誌旗下的 Economist Intelligence

Unit，它是以市場匯率來估算用美元表示的各國每人 GDP。
若是用另一種方法——購買力平價（purchasing power parity,
PPP）法來計算各國每人 GDP，則 2005 年蒲隆地的每人 GDP
為 703 美元，衣索比亞為 822 美元。關於購買力平價，請見第
五章。

第二章

❶ David Hume, "Of Money," in *Political Discourses* (1752).

❷ 在此例中，因為我們選擇 2005 年為基年（也就是說從這一年
產生一組固定的物價），因此不難理解 2005 年平減指數等於
1.00。習慣上表達物價平減指數的標準做法（在總體經濟圖
形及表格中）是將指數乘以 100。1.00 的物價平減指數因此以
100 來表示，2.00 則為 200。

❸ 在很罕見的情況下，當短期利率高過長期利率時，我們會說
殖利率曲線（yield curve）是反轉的。有些經濟學家把反轉的
殖利率曲線視為是即將發生衰退的訊號。

❹ 年利率 1,000% 看起來很奇怪。然而，高利貸業者及其他吸血
的放貸者（predatory lenders），對急需現金的借款人，常常會
收取很過分的——甚至比 1,000% 更高的——短期借款利率。
請注意，日利率只要 0.66% 就相當於大約 1,000% 的年利率。
事實上，這類的吸血放款比一般人所想像的還要普遍。例
如，美國國防部 2006 年的報告中顯示，以現役軍人為對象的
吸血放款「非常盛行」。特別是所謂的發薪日貸款（payday

loans），軍人小額借款約兩週左右，到下個發薪日還款，所收取的利率是年利率390%到780%。請見U.S. Department of Defense, *Report on Predatory Lending Practices Directed at Members of the Armed Forces and Their Dependents* (Washington, DC, August 9, 2006), esp. 10.

❺ 雖然高到這個程度的通貨膨脹很少見，但也有發生過。自1970年起，有超過一打的國家經歷過1,000%以上的年通貨膨脹，包括安哥拉、阿根廷、玻利維亞、巴西、剛果民主共和國、克羅埃西亞、哈薩克、祕魯、烏克蘭等國家。1980年代早期以色列發生三位數通膨期間，有個流傳甚廣的笑話問道，從特拉維夫到耶路撒冷是搭巴士比較好，還是坐計程車比較好。答案是，在極端通貨膨脹期間，坐計程車比較好，因為旅客搭巴士是在旅程開始時先付錢，但坐計程車是旅程結束時才付錢（到了下車的時候，貨幣的價值已經貶值了）。

❻ 釘住（區間）匯率下，墨西哥央行承諾要將披索對美元匯率維持在一個相當狹窄的區間（在此區間內會以美元買入或賣出披索）。這給了許多外國投資人信心，只要釘住匯率制度能維持住，他們就不會面臨披索大幅貶值的風險。

❼ Irving Fisher, *The Money Illusion* (New York: Adelphi Co., 1928).

❽ 雖然是聯準會在決定要發行多少貨幣，但它並不是自己去印製貨幣。印製貨幣工作的執行單位是美國財政部——更精確地說，是美國貨幣印鈔局（Bureau of Engraving and Printing，負責印製紙鈔）及鑄幣局（U.S. Mint，負責鑄幣）。

❾ 2005 年底，貨幣供給 M1 總數約為 1.4 兆美元。廣義的貨幣供給，M2，包括流通中的通貨及活期存款，**還有定期存款（或儲蓄存款）**。2005 年底，儲蓄存款（包括小面額的定期存單〔Certificates of Deposit, CDs〕及貨幣市場資金）總數為 5.3 兆美元，使得貨幣供給 M2 總數達到 6.7 兆美元。更廣義的貨幣定義，M3，包括 M2 再加上大面額的定期存款（超過 10 萬美元的定期存單）、隔夜及定期附買回票券（overnight and term repurchase agreements〔repos〕）、隔夜及定期附買回歐洲美元帳戶（overnight and term Eurodollar accounts）。2005 年底這些項目共 3.5 兆美元，加上去後，M3 總數達到 10.2 兆美元。請見 *Economic Report of the President 2006* (Washington, DC: GPO, 2006), tables b-69 and b-70.

❿ 由於利率可以想成是貨幣的價格（或更精確地說，是購買一段時間貨幣的價格），貨幣供給增加傾向於使價格降低（也就是使利率降低），就如同任何貨品的供給增加，可能會使該貨品的價格下降。

第三章

❶ Joseph F. Sullivan, "Bell Joins G.O.P. Primary for the Senate in Jersey," *New York Times*, 28 Jan 1982, sec. B.

❷ 雖然英格蘭銀行在 1997 年被授權可以訂定短期利率，成為「運作上獨立」（operationally independent），但仍缺乏完全的獨立性。英國政府保留了訂定整體通貨膨脹目標的職權，而

英格蘭銀行則是要設法達成這個目標。

❸ 雖然美國在1980年代初期沃爾克實質上就這麼做了，但他面對的通貨膨脹率不到20%。而許多國家，通貨膨脹率都遠高於此——有時可高達每年1,000%或更高。例如，巴西1990年的通貨膨脹率超過2,500%。

❹ 賽伊自己是這樣表達這個概念的：「當〔一件〕產品生產出來後，就會立即在市場上，透過和其他商品交換的方式，充分展現本身的價值。」[Jean-Baptiste Say, *A Treatise on Political Economy*, trans. C.R. Prinsep, ed. Clement C. Biddle (Philadelphia: Lippincott, Grambo & Co., 1855 {1803}): bk. I, chap. XV, para. 8]。雖然這個概念由其他古典學派經濟學家繼續發展（包括 James Mill, David Ricardo, John Stuart Mill），如今被稱為「賽伊法則」的「供給創造本身的需求」（supply creates its own demand）這句話，其實是後來才創造出來的——也許是直到 1936年的凱因斯，當時凱因斯是在攻擊這個觀念。請見Keynes, *The General Theory of Employment, Interest, and Money* (New York: Harcourt Brace Jovanovich, 1964 [1936]), 18, 25。

❺ Keynes, *General Theory*, 30.

❻ Bureau of the Census, U.S. Department of Commerce, *Historical Statistics of the United States, Colonial Times to 1970*, no. 1 (Washington, DC: GPO, 1975): 1001, 1002, 1021.

❼ 我深深感謝以前的同事Huw Pill（現在是歐洲央行官員）協助我了解凱因斯將擴張性財政政策視為是一項協調機制

（coordination device）。

❽ 當央行官員看到真實GDP超過（或快要超過）他們估計的潛
在GDP，很顯然經濟過熱（或接近過熱）時，他們通常會提
高短期利率（亦即緊縮貨幣政策），以對抗通貨膨脹或先採取
行動。結果，央行對於潛在產出及其未來軌跡的估計，就占
了極大的重要性。如果，例如真實產出每年成長4%，而央行
估計潛在產出每年成長3%，則它採取緊縮貨幣政策（亦即提
高短期利率）的可能性，就遠大於當央行估計潛在產出每年
成長4.5%的情況（這表示經濟還有額外的成長空間，不致過
熱）。

❾ 如大家熟知的，債券價格及債券殖利率（bond yields）是反向
變動的關係。當許多人要買債券時，很明顯會將債券價格標
高，但這也會降低了債券的殖利率。如果一張面額100美
元，一年後將支付110美元的債券（即利率10%），價格被標
售到105美元，那它的有效殖利率就會跌到只有4.8%（即
[110-105]／105）。另一個角度的看法是，當更多人要買債券
時，投資資金的供給增加了，表示那些投資資金的價格（利
率）應該要下跌。

第四章

❶ *Journals of the Continental Congress, 1774-1789*, ed. Worthington
C. Ford et al. (Washington, DC, 1904-37), 29: 499-500.

❷ *Journals of the Continental Congress* 30 (1786): 162-163. 財政理

事會也提到一「美元含有這個數量的純銀，將與新西班牙幣
（New Spanish Dollars）價值相等」。所謂的新西班牙幣，或西
班牙鑄造的錢幣，為當時在美國廣泛做為貨幣使用的外國硬
幣。

❸ *Journal of the Senate* 1 (January 12, 1792): 374.

❹ 雖然美國早在1806年，就開始以追蹤一大籃子貨品價格的方
式來估計物價變動的軌跡，但是要到1881年「才第一次認真
地企圖以指數形式歸納美國綜合物價資料，那是由鑄幣局局
長Horatio C. Burchard做的」。Bureau of the Census, U.S.
Department of Commerce, *Historical Statistics of the United
States, Colonial Times to 1970*, no. 1 (Washington, DC: GPO,
1975): 183.

❺ Irving Fisher, "A Remedy for the Rising Cost of Living:
Standardizing the Dollar," *American Economic Review* 3, no. 1
(Supplement, March 1913): 20.

❻ Albert Gordon, interview by author, New York City, October 22,
2003.

❼ 歐洲央行可以說是採行一個較弱版本的目標通膨，根據的是
一個「通貨膨脹目的」（inflation objective），而不是一個硬梆
梆的目標。採行更強烈版本目標通膨的已開發國家，包括瑞
典、英國以及紐西蘭。

❽ 引自 Eldar Shafir, Peter Diamond, and Amos Tversky, "Money
Illusion," *Quarterly Journal of Economics*, 112, no. 2 (May

1997): 341-342.

❾ 聯準會主席班‧柏南克（Ben Bernanke），被認為是偏好明確的目標通膨。相反地，前任主席亞倫‧葛林斯班（Alan Greenspan）從未宣布過明確的通貨膨脹目標。

第五章

❶ 本章內容來自 David Moss and Sarah Brennan, "National Economic Accounting: Past, Present and Future," Case 703-026 (Boston: Harvard Business School, 2002) 並經過一些修改。

❷ 雖然二手貨品不包含在 GDP 當中，但二手貨品的販售常常與新的勞務（服務）連結在一起，而這新勞務的生產是算在 GDP 內的。例如，在 eBay 上販售的二手貨品，不計入 GDP。但是付給 eBay 的線上拍賣手續費是新的勞務，因此算在 GDP 當中。同時值得注意的是，GDP 的組成成分會反映出二手貨品在不同經濟部門之間的淨移轉，例如，「消費」一項就包括了家計單位購買的二手租賃車（譯注：此處是從支出法來看，可以反映二手車在不同部門間的淨移轉。一輛車剛生產出來被企業買去做為租賃車時，是算入企業的投資；而後來賣給家計單位，則從企業的投資減去，轉變為家計單位的消費，反映出在不同經濟部門間的淨移轉）。（Bureau of Economic analysis, *A Guide to the NIPAs*, updated 31 August 2001, http://www.bea.gov/bea/an/nipaguid.htm, M.8, M.9）。

❸ 投資也包括企業在投資計畫當中所雇用人員的工資和薪資。

例如，一家咖啡店製造出一台專用的高科技咖啡機，這個咖啡機的電腦程式設計師的薪資就會出現在投資當中。

❹ Shelby B. Herman, "Fixed Assets and Consumer Durable Goods," *Survey of Current Business* (April 2000): 18.

❺ U.S. Department of Commerce, *National Income, Supplement to the Survey of Current Business*, July 1947 (Washington, DC: GPO, 1947), 11.

❻ 在GDP的定義下，「淨出口」基本上是貨品及勞務的餘額（國際收支帳）。相反地，在GNP的定義下，「淨出口」大約等於貨品及勞務的餘額加上淨所得支付（也是出自國際收支帳）。

❼ World Development Indicators database, http://devdata. worldbank.org.ezp2.harvard.edu/dataonline (accessed November 2006). 請注意，GNP是標示成GNI。

❽ 在美國，GDP平減指數的成長率常常（但並非一定）和消費者物價指數（CPI）成長率的幅度類似，因為CPI的計算是追蹤固定的一籃子消費者財貨售價上的變動。

❾ Arthur F. Burns, "The Measurement of the Physical Volume of Production," *Quarterly Journal of Economics* 44, no. 2 (February 1930): 242-262.

❿ Karl Whelan, "A Guide to the Use of Chain Aggregated NIPA Data," Federal Reserve Board, Division of Research and Statistics, June 2000, 4-5, www.federalreserve.gov/Pubs/feds/2000/200035/200035pap.pdf.

⓫ J. Steven Landefeld and Bruce T. Grimm, "A Note on the Impact of Hedonics and Computers on Real GDP," *Survey of Current Business* (December 2000): 17-22.

⓬ J. Steven Landefeld and Robert P. Parker, "BEA's Chain Index, Time Series, and Measures of Long-Term Economic Growth," *Survey of Current Business* (May 1997): 58-68.

⓭ World Bank, "About the International Comparison Group," available at www.worldbank.org/data/icp/abouticp.htm; "About the International Comparison of Prices Program," available at http://pwt.econ.upenn.edu.

⓮ 請注意，GDP會計帳上的淨進口（亦即EX－IM）只是約略等於國際收支中的經常帳赤字（GDP不包含淨所得與移轉）。

第六章

❶ 實務上，因為官方機構不會去計算每一筆跨國交易，因此為確保BOP報表所有項目加總為零，「誤差與遺漏」欄是有必要的。

❷ 此例是從我的同事Louis T. Wells所出的課堂作業，而得到的啟發。

第七章

❶ Jennifer Hughes, "Online Effect Rebalances the FX Equation," *Financial Times* (July 30-31, 2005): 11.

結論

❶「非理性繁榮」（irrational exuberance）一詞，是出自前聯準會
主席葛林斯班於1996年的一場演講 "The Challenge of Central
Banking in a Democratic Society" at the American Enterprise
Institute for Public Policy Research in Washington, D.C. on
December 5, 1996. 亦可參考 Robert Shiller, *Irrational Exuberance*
(Princeton: Princeton University Press, 2000，中譯本《葛林史
班的非理性繁榮》時報出版).

名詞解釋

真實產出（actual output）

請參見潛在產出（potential output）。

總合物價水準（aggregate price level）

請參見物價水準（price level）。

國際收支帳（balance of payments accounts, BOP accounts）

一個國家跨境交易的總紀錄，通常是一年期間。請同時參見經常帳（current account）、金融帳（financial account）。

貨品及勞務收支（balance on goods and services）

貨品及勞務的出口總額減去進口總額。此處的「貨品」指的是有形的產品（商品），而「勞務」指的是無形的產品（例如運輸、投資金融業務、或是顧問服務）。請同時參見貿易收支（trade balance）。

銀行擠兌（bank run）

一家銀行中很大一部分的存戶，在同一時間想要提領出他們的資金，可能造成銀行「破產」（亦即迫使銀行無法履行義務），這樣的情況稱為銀行擠兌。

泡沫或投機狂熱（bubble or speculative mania）

無法以經濟基本面解釋的資產價格陡升；這樣的情況由於無法持久，結果可能是突然且大幅的下跌（崩盤）。

產能利用（capacity utilization）

衡量一個國家（或一家廠商或一個產業）真正用於生產產出的資本存量。產能利用率為真實產出與估計的產能（capacity）之間的比率，此處產能的定義是：在現有工廠、設備及可動用的工作時數下，所能維持的最大產出。

資本帳（capital account）

國際收支表上的一列項目，反映資本的單方移轉（unilateral transfers），例如一國政府對於另一國債務的豁免。在1990年代之前，國際收支的「資本帳」記錄了所有跨境資本（金融）流動，但是這個帳目現在稱為「金融帳」。請同時參見金融帳（financial account）。

中央銀行（central bank）

在歷史上，中央銀行是提供金融服務給其他銀行（通常也包括政府部門）的銀行；今天，中央銀行通常是主管一國之貨幣政策的全職機構。美國的中央銀行稱為聯邦儲備體系（Federal Reserve，簡稱為聯準會）。

消費（consumption）

GDP的組成成分之一，涵蓋了家計單位為了現在使用而在新貨品及勞務上的所有支出。

爬行釘住匯率制（crawling peg）

請見釘住匯率制（pegged exchange rate）。

排擠效果（crowding out）

當政府採行預算赤字（budget deficit）政策，所造成的民間部門投資減少之效應。請注意，預算赤字（亦即政府新的舉債）顯示政府對於投資資金需求的增加，由於競爭資金的緣故而使得利率升高，以致民間投資人面對高利率而減少資金需求，「排擠」掉民間部門的投資。

通貨（currency）

是貨幣當中流動性最大者，由紙鈔及硬幣組成，通常是由政

府發行。當通貨不在銀行金庫內持有時，稱這些通貨為「流通中」（in circulation）的通貨。「通貨」也可以用於指稱一個國家的計價單位（unit of account）——例如美元（U.S. dollar）或墨西哥披索（Mexican peso）。

經常帳（current account）

國際收支帳上的一個主要項目，記錄一個國家為了現在使用而進行的國際交易，包括貨品及勞務的淨出口、淨所得、及淨移轉。經常帳也呈現對外國人的放貸狀況（若是有經常帳赤字，則代表從外國有淨借款）。

景氣波動（cyclical fluctuations）

一項經濟變數暫時性地脫離其長期趨勢。請同時參見長期趨勢（secular trend）。

赤字支出（deficit spending）

以向外借款為基礎的政府支出。

活期存款（demand deposit）

存款資金可以應存戶要求隨時提領或移轉的一種銀行帳戶，例如支票帳戶即是一種活期存款。

折舊（depreciation）

固定資本因為耗損、損壞或解體、或陳舊過時而造成其價值減少；有時也被稱為「固定資本的消耗」。另外，當一國貨幣或其他金融資產因市場狀況而導致價值下降時，也叫做depreciation，譯作「貶值」。

蕭條（depression）

一段持續性的經濟停滯或緊縮的期間，典型的特徵為實質GDP成長率非常低或為負數、失業率高、以及產能利用率低。請同時參見衰退（recession）。

貼現率（discount rate）

中央銀行貸放資金給商業銀行所收取的利率。傳統上，這種貸款的操作方式是，中央銀行從商業銀行手中以小額的折現（discount）買入資產，讓商業銀行得以貼換現金，因而稱為貼現率。

誤差與遺漏（errors and omissions）

國際收支帳上的殘差項，反映的是國際收支資料編輯時在統計上的差異。

匯率（exchange rate）

一國貨幣以另一個國家的貨幣計算出來的價格（例如，購買一美元所需的日圓數量）。

匯率釘住（exchange rate peg）

請見釘住匯率制（pegged exchange rate）、固定匯率制（fixed exchange rate）。

支出法（expenditure method）

計算GDP的方法之一，它是去計算用於最終貨品及勞務的支出。根據這個方法，一個國家的GDP等於該國的消費支出、投資支出、政府支出、及淨出口（出口減去進口）的總和。

出口（exports）

外國所購買的本國生產之貨品及勞務。

聯邦資金利率（federal funds rate）

美國一項關鍵性的短期利率，為聯準會設定貨幣政策的目標；這也是美國的商業銀行彼此之間隔夜拆借，所收取的利率。

最終貨品及勞務（final goods and services）

預期在今年內使用，且不再轉售的產出。

金融帳（financial account）

國際收支帳上的一個主要項目，記錄一個國家的國際金融交
易，包括外國直接投資（FDI）及有價證券投資的淨流量。

財政政策（fiscal policy）

利用政府徵稅或支出，來影響總體經濟績效（GDP 成長、失
業、通貨膨脹等等）。

固定匯率制（fixed exchange rate）

由一國的政府或中央銀行正式設定的匯率，通常承諾大眾在
有需求時，該國的通貨可以依此匯率兌換外匯存底。請同時
參見浮動匯率制（floating exchange rate）、金本位制（gold
standard）。

浮動匯率制或彈性匯率制（floating exchange rate or flexible
exchange rate）

根據全球市場的供需狀況，允許匯率自由波動（升值或貶
值）的匯率制度。在純粹浮動匯率制度下，政府不會使用外
匯存底去穩定（或是影響）匯率。請同時參見固定匯率制
（fixed exchange rate）。

外國借款（foreign borrowing）

從國外流入的資本。這些流入（或借款）可以有幾種形式，
包括外國在本國銀行的存款、外國購買本國證券（包括股票
及債券）、外國直接投資（包括外國購買本國公司）等等。
當一個國家的經常帳是赤字的時候，表示該國有國外淨借
款，也表示該國的支出超過其生產。

外國直接投資（foreign direct investment, FDI）

跨國購買一家公司的股權，數量足以使這個外國股東在這家
公司擁有經營上的影響力（通常股權大於10%）。1998年戴
姆勒－賓士公司買下克萊斯勒，即是德國在美國的外國直接
投資。請同時參見有價證券投資（portfolio investment）。

退休基金制度（funded pension system）

勞工以購買金融資產的方式為自己的退休做儲蓄（或由雇主
為他們做儲蓄），當他們退休時，這些儲蓄可以衍生成所得。

金本位制（gold standard）

為固定匯率制的一種型態，一國通貨的價格由官方正式設定
以（固定的）黃金計算。例如，自1946年到1971年，美國
政府將美元的價格設定為每盎司黃金為35美元（但是在這個

例子中，只允許外國的中央銀行——個人或廠商不行——可以依這個比率將美元兌換為黃金）。請同時參見固定匯率制（fixed exchange rate）。

政府支出（government expenditure）

GDP的組成成分之一，包括所有層級的政府（聯邦、州及地方政府），在貨品及勞務上的所有支出，但是不包括移轉性支付（例如社會福利或社會保險救濟金）。這個定義可能包括或不包括政府在固定資本形成上的支出，完全要看該國對於政府投資的分類（亦即，是歸類為政府支出或是投資）。請同時參見投資（investment）。

大蕭條（Great Depression）

全球許多國家在1930年代發生的長期的經濟下滑與停滯。

國內生產毛額（gross domestic product, GDP）

衡量一國總產出最被廣泛接受的指標，常常被定義為一個國家在一年之內，所生產的全部最終貨品及勞務的市場價值。請同時參見國民生產毛額（gross national product）及折舊（depreciation）。

國民生產毛額（gross national product, GNP）

在一年內，一個國家的居民所生產的全部最終貨品及勞務的市場價值，無論這些產出是在國內或是國外生產的都算。以專業術語來說，國民生產毛額（GNP）包括國外的淨所得收入（有時稱為「淨國際要素收入」），而國內生產毛額（GDP）則不含這部分。請同時參見國內生產毛額（gross domestic product）。

熱錢（hot money）

請參見有價證券投資（portfolio investment）。

進口（imports）

國內對外國生產的貨品及勞務的購買。

所得（income）

對勞動及資本在生產上的貢獻，所做的支付；會以工資及薪水、利潤、利息、租金及權利金等方式來分配。

所得乘數（income multiplier）

預期的 GDP 變化，以及用於產生 GDP 所做的支出的變化，兩者的比率。例如，如果政府赤字支出增加了 100 美元，最後導致 GDP 增加了 200 美元，那麼所得乘數就是 200／100，

也就是2。

通貨膨脹（inflation）

整個經濟體平均物價水準上升的現象。「消費者物價上漲」
（consumer price inflation）常被簡稱為「通貨膨脹」;「消費者
物價上漲」是指平均消費者物價水準的增加（例如，反映出
一籃子具代表性的消費者貨品的成本上漲）。

目標通膨（inflation targeting）

一種貨幣策略，中央銀行維持通貨膨脹率在這個目標或接近
這個目標（例如：2%），在有必要時，通常以提高或降低短
期利率的方式，來維持這個目標。

通貨膨脹預期心理（inflationary expectation）

對於未來物價水準變化（亦即，未來的通貨膨脹）的假設
（或預測）。

投資（investment）

GDP的組成成分之一，包括為了提升最終貨品及勞務的未來
產出，所做的所有支出。投資支出通常包括企業對固定建
物、設備、軟體及存貨的購置，以及新的自用住宅之成本。
許多國家將政府投資——例如新的道路及橋樑建設的花費

——也計入這個類別中，但是其他國家（包括美國）則不計入。

勞動生產力（labor productivity）

請參見生產力（productivity）。

拉佛曲線（Laffer curve）

表現稅率與稅收之間關係的圖形；最早是由經濟學家亞瑟·拉佛（Arthur Laffer）所提出。在此圖形中，在稅率為0%和100%時，稅收都是0，常常被用來表示當稅率從相當高的水準降下來時，稅收可能會增加。

最終貸放者（lender of last resort）

在發生流動性危機的期間，當私人部門的潛在貸放者都不願意或是無法貸放時，能夠且有意願借錢給金融機構（尤其是銀行）的機構，就稱為最終貸放者。它通常是公家機構，例如是中央銀行。

流動性陷阱（liquidity trap）

由英國經濟學家凱因斯（John Maynard Keynes）所提出；在流動性陷阱中，特別是當發生金融危機時，貨幣政策將無法發揮作用。當利率已經非常低了，如果中央銀行發現透過公

開市場操作（亦即，以新發行的通貨買入政府債券），也無法再進一步降低利率，那麼貨幣政策就不再是刺激額外消費或投資的有效工具。正如一些經濟學家所說的，在這個時候，放出更多的貨幣是完全無效的。

貨幣基數（monetary base）

為中央銀行的總負債；包括流通在外的所有通貨，再加上商業銀行存在央行的存款（又稱為準備金〔reserves〕）。

貨幣政策（monetary policy）

中央銀行透過操控貨幣供給及短期利率，來影響經濟績效（例如，維持通貨膨脹率目標）的作為。

貨幣（money）

在貨品、勞務的買賣以及金融交易時，被廣泛接受做為支付的交易媒介；一種具高度流動性的財富，其本身可做為支付的工具或很容易轉換為支付的工具。

貨幣恆等式（money identity）

$M \times V = P \times Q$，M為貨幣供給，V為貨幣的流動速率，P為物價水準，Q為產出數量（亦即實質GDP）。請同時參見貨幣供給（money supply）、貨幣流通速率（velocity of money）、物

價水準（price level）、實質（real）。

貨幣幻覺（money illusion）

個人將名目價值及實質價值混淆的現象──例如，他們不考
慮物價水準的變化（通貨膨脹或通貨緊縮），誤以為他們名
目薪資上的變化，就等於他們實質購買力的變化。

貨幣乘數（money multiplier）

貨幣供給總額與貨幣基數之間的比率。如果貨幣乘數為2，
中央銀行增加貨幣基數（即中央銀行的負債）100美元，則我
們可以預期貨幣供給總額會增加200美元。請同時參見貨幣
供給（money supply）、貨幣基數（monetary base）。

貨幣供給或貨幣存量（money supply or money stock）

在某特定時點的貨幣數量。經濟學家將貨幣總量定義為M1、
M2、M3等等──以代表越來越廣義的貨幣概念。例如：M1
包括流通中的通貨與活期存款；M2則包括流通中的通貨、
活期存款及定期存款（或是儲蓄帳戶）。

國民經濟帳（national economic accounts）

GDP帳的另一個名稱，通常包括GDP各項指標，以及GDP
的主要組成（消費、投資、政府支出、出口及進口）。

自然失業率（natural rate of unemployment）

又叫做「非加速通膨的失業率」（nonaccelerating inflation rate of unemployment, NAIRU）；失業率若低於此自然失業率，通貨膨脹可能就會加速。

國內生產淨額（net domestic product, NDP）

國內生產毛額（GDP）減去資本存量的折舊，就是國內生產淨額。請同時參見國內生產毛額（gross domestic product, GDP）。

淨出口（net exports）

出口減去進口。請同時參見出口（exports）、進口（imports）。

淨要素收入（net factor receipts）

請參見淨所得（net income）。

淨所得（net income）

國際收支的經常帳中，所得收入（income receipts）減去所得支出（income payments）就是淨所得。所得收入包括：外國人支付給本國居民的酬勞（例如，在國外完成的工作）、利息及國人持有外國資產所得到的海外股利、在國外的外國直接投資（FDI）獲得的再投資收益（reinvested earnings）；而

所得支出包括本國居民（或廠商）支付給外國人的酬勞、利息及外國人持有本國資產因而支付的股息、外國人在本國的FDI的再投資收益。

淨現值（net present value, NPV）

一個投資計畫產生的收益之折現後的價值，減去該計畫的成本折現後的價值。可用以評估這個計畫的預期獲利能力。

淨單方移轉（net unilateral transfers or net transfers）

國際收支經常帳中的一個項目，反映出非互惠性的交易，例如外國援助或跨境的慈善協助（例如，透過紅十字會所做的捐助）。

名目（nominal）

以目前市場價格或相對於目前市場價格來表示的一種指標，因此是未經通貨膨脹調整的，例如名目GDP、名目工資、名目利率、名目匯率。請同時參見實質（real）。

官方存底（official reserves）

國際收支金融帳上的一個項目，反映出政府累積的外國通貨（外匯）及貨幣性黃金（monetary gold）。

公開市場操作（open market operations）

中央銀行在公開市場上買入或賣出有價證券的行為，目的在增加或減少貨幣基數（並因而降低或提高短期利率）。

產出（output）

一個經濟體所生產的貨品及勞務。

過熱（overheating）

GDP 快速（且無法長久維持）的成長，使得真實 GDP 超過潛在 GDP；通常伴隨著通貨膨脹的上升。

隨收隨付年金制度（pay-as-you-go pension system）

一種通常是由政府經營的退休計畫，在此計畫中，今日退休者的退休金是由目前工作者（亦即未來的退休者）現在所繳交的年金（或所繳的稅）來負擔。

釘住匯率制（pegged exchange rate）

通常與固定匯率制同義（請見固定匯率制〔fixed exchange rate〕）。然而，在「爬行釘住匯率制」（crawling peg）之下，官方匯率是可以隨著時間逐漸改變的（例如，每個月變動一個很小的比率），而且在某些情況下，還可以在一個很窄的範圍內浮動，而浮動的界線也隨著時間可以逐漸變動。

菲利浦曲線（Phillips curve）

以圖形表示失業率和通貨膨脹率之間的取捨關係（trade-off）；這是從經濟學家菲利浦（A. W. Phillips）的實證研究中發現的。

有價證券投資（portfolio investment or portfolio flows）

涉及跨國購買股票、債券及其他金融工具，但集中程度不足以產生經營上的影響力。有價證券投資有時被稱為「熱錢」（hot money），因為有價證券投資人常常在很短的時間內就結清他們的投資，將錢匯出這個國家。

潛在產出（potential output）

一個經濟體在現行技術水準之下，以可維持的強度動用所有的資源（勞動及資本），所能夠生產的產出。如果真實產出（actual output）大幅低於潛在產出，稱這個經濟體為衰退；如果真實產出大幅高過潛在產出，則稱為過熱。

物價平減指數（price deflator or price index）

物價水準的一項指標。GDP 物價平減指數（P），等於名目 GDP 除以實質 GDP。請同時參見物價水準（price level）。

物價水準（price level）

在某一特定的時點，所有價格（或一部分價格）的平均。前

後兩年物價水準的變動百分比,稱為年通貨膨脹率。

價格僵固性(price rigidity)

在面對市場變動的情況下,價格無法立即調整使得供給與需求回到均衡狀態,這樣的價格被稱為「僵固的」或「僵硬的」(sticky)。

生產力(productivity)

每一單位的投入(input)可得到的產出。「勞動生產力」(labor productivity)通常被簡稱為「生產力」,而勞動生產力的定義即是每名勞工或每工時的產出。請同時參見總要素生產力(total factor productivity)。

購買力平價(purchasing power parity, PPP)

源自「一價法則」(Law of One Price),匯率的PPP模型認定一單位通貨在扣掉運輸成本及稅賦因素後,在每個國家應該都有相同的購買力。如果PPP在兩個國家之間成立的話,當A國通貨膨脹率高於B國時,PPP模型預測A國的貨幣將會相對於B國貨幣貶值,直到回復平價為止。這個模型的一個缺點是,對於不在國際市場上貿易的貨品及勞務,一價法則不一定會成立。為了處理這個問題,經濟學家創造了PPP指

數，來估算一個共用的貨幣單位（通常是1美元），相對於所
有貨品及勞務的購買力——包括那些可以在國際市場上貿易
的（例如汽車），以及無法在國際市場上貿易的（例如剪
髮）。如果X國相對於美元的PPP指數為1.5，則1美元價值
的X國通貨（以市場匯率計算），將能夠在X國國內買到在
美國價值1.5美元的貨品及勞務。因此，根據PPP指數調整
（而不是單以市場匯率做調整）的每人GDP，在做不同國家
之間的生活水準比較時，將能夠提供比較有意義的比較。

理性預期（rational expectations）

基於所有可得的資訊所產生的預期（或預測），而且不產生
系統性的錯誤。

實質（real）

以固定價格（constant price，即以某一時間的物價為基點），
或相對於固定價格來表達的一項指標，因此是經過通貨膨脹
調整的（例如，實質GDP、實質工資、實質利率、實質匯
率）。請同時參見名目（nominal）。

實質匯率（real exchange rate）

用來調整兩國之間名目匯率的指標，目的在消除兩國因通貨

膨脹不同所造成的偏誤。如果 A 國貨幣與 B 國貨幣的名目匯率是穩定的，但是 A 國的通貨膨脹較 B 國高出許多，那麼 A 國的實質匯率將會升值。

衰退（recession）

一段期間的全面性經濟緊縮，通常的特徵為實質 GDP 成長率為負數、高於平常的失業率、低於平常的產能利用率。對於衰退，雖然沒有大家都能接受的定義，但一般性的準則是，衰退必須是至少連續兩季的實質 GDP 負成長。

法定準備（reserve requirement）

一家銀行的總存款中依法必須提存的準備成數（因而不得貸放出去）。這些準備金通常會存放在中央銀行。

李嘉圖對等定理（Ricardian equivalence）

這個概念是說，個人對於政府預算赤字會做出增加儲蓄（而非增加消費）的反應，因為根據他們的理性預期，今天政府舉債增加，未來必定要加稅。如果人們真的這麼做，那麼這種因應作為將會限制了（或可能抵銷掉）擴張性財政政策的效果。

長期趨勢（secular trend）

一項經濟變數的長期走向或軌跡。請同時參見景氣波動

（cyclical fluctuations）。

僵硬性工資（sticky wages）

工資呈現僵硬性（sticky），是指當市場狀況發生變化時，工資不能立即調整，將供給與需求帶回均衡狀態。工資比較容易向上調整，卻不易向下調整，稱為「向下調整的僵硬性」（sticky on the downside）。請同時參見價格僵固性（price rigidity）。

總要素生產力（total factor productivity）

經濟體中用於生產的勞動及資本，衡量其效率的指標。根據定義，非歸因於勞動或資本的增加，所造成的產出增加，即為總要素生產力的增加。

貿易收支（trade balance）

即出口減去進口的餘額。貿易收支可能是指貨品（商品〔merchandise〕）的收支餘額，或是貨品及勞務（goods and services）的收支餘額。

移轉性支付（transfer payments）

不具生產性的無償支付──通常是政府對個人（例如福利金或社會保險救濟金）或企業（例如補貼）的支付。在計算

GDP時，移轉性支付不計入政府支出（G）。

失業率（unemployment rate）

勞動力中沒有工作但積極在找工作的人占總勞動力的比率。

單位勞動成本（unit labor costs, ULC）

每單位產出中受雇者的薪酬。當薪酬成本增加得比勞動生產力快時，單位勞動成本就會上升，而當薪酬成本比勞動生產力增加得慢時，單位勞動成本就會下降。

附加價值（value added）

衡量產出的價值的方式之一；以售價減去非勞動的投入成本，即是附加價值。

貨幣流通速率（velocity of money）

名目GDP（即P×Q）與貨幣供給（M）之間的比率；比較寬鬆的說法是：在經濟體中貨幣流通的速度。

工資與價格管制（wage and price controls）

立法限制工資或物價的變動幅度。

附錄一　中華民國國民所得資料，2012-2022 年

	期中人口	平均匯率	經濟成長	名目國內生產毛額（GDP）		平均每人 GDP	
	人	元／美元	%	百萬元	百萬美元	元	美元
2012年	23,270,367	29.62	2.22	14,677,765	495,536	630,749	21,295
2013年	23,344,670	29.77	2.48	15,270,728	512,957	654,142	21,973
2014年	23,403,635	30.37	4.72	16,258,047	535,332	694,680	22,874
2015年	23,462,914	31.91	1.47	17,055,080	534,474	726,895	22,780
2016年	23,515,945	32.33	2.17	17,555,268	543,002	746,526	23,091
2017年	23,555,522	30.44	3.31	17,983,347	590,780	763,445	25,080
2018年	23,580,080	30.16	2.79	18,375,022	609,251	779,260	25,838
2019年	23,596,027	30.93	3.06	18,908,632	611,336	801,348	25,908
2020年	23,582,179	29.58	3.39	19,914,806	673,252	844,485	28,549
2021年	23,468,275	28.02	6.53	21,738,982	775,838	926,314	33,059
2022年	23,319,977	29.81	2.45	22,706,489	762,674	976,914	32,811

資料來源：中華民國統計資訊網（www.stat.gov.tw）／主計總處統計專區／國民所得及經濟成長／統計表／國民所得統計常用資料。資料更新日：2023/4/28

名目國民所得毛額（GNI）		平均每人GNI		名目國民所得（NI）		平均每人所得	
百萬元	百萬美元	元	美元	百萬元	百萬美元	元	美元
15,109,951	510,127	649,322	21,922	12,496,672	421,900	537,021	18,130
15,673,232	526,477	671,384	22,552	13,194,356	443,210	565,198	18,985
16,697,152	549,791	713,443	23,492	14,212,193	467,968	607,264	19,996
17,494,741	548,253	745,634	23,367	14,860,645	465,705	633,367	19,849
18,006,409	556,957	765,711	23,684	15,305,453	473,413	650,854	20,132
18,430,708	605,477	782,437	25,704	15,733,800	516,879	667,945	21,943
18,789,823	623,005	796,852	26,421	15,968,442	529,458	677,201	22,454
19,384,783	626,731	821,527	26,561	16,312,542	527,402	691,326	22,351
20,486,586	692,582	868,732	29,369	17,232,544	582,574	730,744	24,704
22,197,466	792,201	945,850	33,756	18,806,943	671,197	801,377	28,600
23,223,126	780,209	999,125	33,565	19,372,225	650,953	833,445	28,004

附錄二　中華民國國際收支簡表，2012-2022年

	2012	2013	2014	2015	2016	2017
A. 經常帳 [1]	**42,925**	**49,937**	**60,607**	**72,730**	**71,264**	**83,088**
商品：收入（出口）	390,231	384,701	382,253	339,837	309,283	342,706
商品：支出（進口）	340,941	330,123	322,004	266,698	238,281	261,414
商品貿易淨額	*49,290*	*54,578*	*60,249*	*73,139*	*71,002*	*81,292*
服務：收入（輸出）	34,546	36,461	41,578	40,968	41,291	45,213
服務：支出（輸入）	52,920	51,658	52,922	51,787	51,815	53,975
商品與服務收支淨額	*30,916*	*39,381*	*48,905*	*62,320*	*60,478*	*72,530*
初次所得：收入	25,022	24,609	29,212	28,893	29,480	34,239
初次所得：支出	10,429	11,089	14,754	15,114	15,524	19,544
商品、服務與初次所得收支淨額	*45,509*	*52,901*	*63,363*	*76,099*	*74,434*	*87,225*
二次所得：收入	5,540	6,218	6,698	6,617	6,909	7,189
二次所得：支出	8,124	9,182	9,454	9,986	10,079	11,326
B. 資本帳 [1]	**-24**	**67**	**-8**	**-5**	**-9**	**-12**
資本帳：收入	4	103	29	15	17	14
資本帳：支出	28	36	37	20	26	26
經常帳與資本帳合計	*42,901*	*50,004*	*60,599*	*72,725*	*71,255*	*83,076*
C. 金融帳 [1]	**31,465**	**41,053**	**50,531**	**64,972**	**58,490**	**74,992**
直接投資：資產	13,137	14,285	12,711	14,709	17,946	11,537
股權和投資基金	13,153	14,282	12,690	13,649	16,913	10,721
債務工具	-16	3	21	1,060	1,033	816
直接投資：負債	3,207	3,598	2,828	2,391	9,692	3,401
股權和投資基金	3,341	3,643	2,933	2,478	7,342	4,781
債務工具	-134	-45	-105	-87	2,350	-1,380
證券投資：資產	45,710	37,082	57,096	56,340	81,463	81,797
股權和投資基金	16,933	6,095	20,328	6,922	6,445	13,755
債務證券	28,777	30,987	36,768	49,418	75,018	68,042

（單位：百萬美元　In millions of U.S. dollars）

2018	2019[r]	2020[r]	2021[r]	2022[p]	
70,743	**66,464**	**96,600**	**117,150**	**101,731**	**A. Current Account[1]**
345,495	330,744	342,503	453,603	465,987	Goods: credit（exports）
278,561	273,253	267,230	365,640	396,998	Goods: debit（imports）
66,934	*57,491*	*75,273*	*87,963*	*68,989*	*Balance on Goods*
50,209	51,838	41,210	51,995	58,350	Services: credit（exports）
56,831	56,902	37,457	39,567	45,239	Services: debit（imports）
60,312	*52,427*	*79,026*	*100,391*	*82,100*	*Balance on Goods and Services*
39,051	40,632	39,846	40,378	51,180	Primary income: credit
25,299	23,756	19,118	20,925	28,445	Primary income: debit
74,064	*69,303*	*99,754*	*119,844*	*104,835*	*Balance on Goods, Services, and Primary Income*
7,643	8,238	7,945	8,710	9,503	Secondary income: credit
10,964	11,077	11,099	11,404	12,607	Secondary income: debit
63	**-3**	**-9**	**3**	**-46**	**B. Capital Account[1]**
86	63	10	29	6	Capital account: credit
23	66	19	26	52	Capital account: debit
70,806	*66,461*	*96,591*	*117,153*	*101,685*	*Balance on Current and Capital Account*
58,810	**59,139**	**47,666**	**105,652**	**98,103**	**C. Financial Account[1]**
18,058	11,763	11,500	11,341	16,280	Direct investment: assets
17,431	10,736	10,942	10,467	14,519	Equity and investment fund shares
627	1,027	558	874	1,761	Debt instruments
7,114	8,240	6,053	5,416	10,189	Direct investment: liabilities
7,195	8,086	5,528	2,625	6,215	Equity and investment fund shares
-81	154	525	2,791	3,974	Debt instruments
68,853	54,877	36,153	81,503	59,674	Portfolio investment: assets
2,376	-2,301	2,003	19,864	7,756	Equity and investment fund shares
66,477	57,178	34,150	61,639	51,918	Debt securities

（接下頁）

	2012	2013	2014	2015	2016	2017
證券投資：負債	3,214	7,953	13,055	1,228	4,343	3,958
股權和投資基金	2,908	9,591	13,792	3,744	7,025	4,284
債務證券	306	-1,638	-737	-2,516	-2,682	-326
衍生金融商品	-391	-838	-546	2,195	1,700	-503
衍生金融商品：資產	-4,771	-6,055	-5,977	-11,227	-11,166	-11,505
衍生金融商品：負債	-4,380	-5,217	-5,431	-13,422	-12,866	-11,002
其他投資：資產	-5,348	47,469	11,939	-16,526	-6,936	15,610
其他股本	3	7	8	8	9	6
債務工具	-5,351	47,462	11,931	-16,534	-6,945	15,604
其他投資：負債	15,222	45,394	14,786	-11,873	21,648	26,090
其他股本	—	—	—	—	—	—
債務工具	15,222	45,394	14,786	-11,873	21,648	26,090
經常帳＋資本帳－金融帳	*11,436*	*8,951*	*10,068*	*7,753*	*12,765*	*8,084*
D. 誤差與遺漏淨額	**4,048**	**2,367**	**2,947**	**7,258**	**-2,102**	**4,383**
E. 準備與相關項目	**15,484**	**11,318**	**13,015**	**15,011**	**10,663**	**12,467**
準備資產 [2]	15,484	11,318	13,015	15,011	10,663	12,467
基金信用的使用及自基金的借款	—	—	—	—	—	—
特殊融資	—	—	—	—	—	—

[1] 剔除已列入項目 E 之範圍。

[2] 2004 年第 3 季至 2009 年第 1 季為準備資產，其餘期間為淨準備資產。

注：(p) 為初步統計數；(r) 為修正數

資料來源：中央銀行全球資訊網（http://www.cbc.gov.tw）／統計與出版品／統計／國際收支與國際投資部位／國際收支／最新資料／國際收支簡表（年資料）

2018	2019[r]	2020[r]	2021[r]	2022[p]	
-15,175	8,476	-22,881	-21,155	-45,714	Portfolio investment liabilities
-14,382	8,110	-23,212	-22,257	-44,608	Equity and investment fund shares
-793	366	331	1,102	-1,106	Debt securities
1,638	2,501	434	-286	4,656	Financial derivatives
-16,748	-15,490	-20,563	-21,822	-21,700	Financial derivatives: assets
-18,386	-17,991	-20,997	-21,536	-26,356	Financial derivatives: liabilities
-15,404	13,566	607	17,828	-21,474	Other investment: assets
5	5	5	15	165	Other equity
-15,409	13,561	602	17,813	-21,639	Debt instruments
22,396	6,852	17,856	20,473	-3,442	Other investment: liabilities
—	—	—	—	—	Other equity
22,396	6,852	17,856	20,473	-3,442	Debt instruments
11,996	*7,322*	*48,925*	*11,501*	*3,582*	*Current + Capital – Financial Account Balance*
503	**9,336**	**-583**	**9,492**	**7,301**	**D. Net Errors and Omissions**
12,499	**16,658**	**48,342**	**20,993**	**10,883**	**E. Reserves and Related Items**
12,499	16,658	48,342	20,993	10,883	Reserve assets[2]
—	—	—	—	—	Use of Fund credit and loans
—	—	—	—	—	Exceptional financing

[1] Excludes components that have been classified in the categories of Group E.

[2] Data from 2004Q3 to 2009Q1 indicate reserve assets, while data beyond this period present net reserve assets.

致謝

　　這本書最剛開始是我為學生們講課所準備的總體經濟學筆記，我深深感謝哈佛商學院「企業、政府與國際經濟」（Business, Government, and the International Economy, BGIE）這門課的學生與同事們，鼓勵我將筆記出版成書。尤其要感謝 Julio Rotemberg、理查·維特（Richard Vietor）、Lou Wells 幫我看過整個手稿並提出建議，還有 Alex Dyck、Walter Friedman、Lakshmi Iyer、Andrew Novo、Huw Pill、Mitch Weiss、Jim Wooten 一路以來所提供的重要意見，以及這些年來我在 BGIE 的所有同事，從他們身上我學到總體經濟學的許多事，以及如何傳授這門課。

　　哈佛商學院出版社的編輯 Jeff Kehoe 在本書的每一個階段都給予我極大的支持，對於如何將原始的筆記轉化成眾多讀者也可以閱讀的書，也提供了非常好的建議。

　　第五章有關 GDP 的計算，許多資料出自於哈佛商學院的

個案「全國經濟會計：過去、現在及未來」（National Economic Accounting: Past, Present and Future），是我和 Sarah Brennan 共同著作的。我所知道有關 GDP 會計帳中的錯綜複雜事項，大部分都是在與 Sarah 共事時學到的，我深深感謝她對該計畫的投入，她是絕佳的學者、共同作者及朋友。

　　最後，我要謝謝我的父母，他們教導我不要忽略了整體大局，因而在某方面給予我寫這本書的靈感；還要謝謝我太太和女兒—— Abby、Julia、Emily ——無止盡的支持、耐性，以及讓每一天都充滿樂趣。

書　號	書　　　　名	作　者	定價
QB1080	從負責到當責：我還能做些什麼，把事情做對、做好？	羅傑‧康納斯、湯姆‧史密斯	380
QB1082X	論點思考：找到問題的源頭，才能解決正確的問題	內田和成	360
QB1089	做生意，要快狠準：讓你秒殺成交的完美提案	馬克‧喬那	280
QB1091	溫伯格的軟體管理學：擁抱變革（第4卷）	傑拉爾德‧溫伯格	980
QB1092	改造會議的技術	宇井克己	280
QB1093	放膽做決策：一個經理人1000天的策略物語	三枝匡	350
QB1094	開放式領導：分享、參與、互動——從辦公室到塗鴉牆，善用社群的新思維	李夏琳	380
QB1095X	華頓商學院的高效談判學（經典紀念版）：讓你成為最好的談判者！	理查‧謝爾	430
QB1098	CURATION策展的時代：「串聯」的資訊革命已經開始！	佐佐木俊尚	330
QB1100X	Facilitation引導學：有效提問、促進溝通、形成共識的關鍵能力	堀公俊	370
QB1101	體驗經濟時代（10週年修訂版）：人們正在追尋更多意義，更多感受	約瑟夫‧派恩、詹姆斯‧吉爾摩	420
QB1102X	最極致的服務最賺錢：麗池卡登、寶格麗、迪士尼都知道，服務要有人情味，讓顧客有回家的感覺	李奧納多‧英格雷利、麥卡‧所羅門	350
QB1107	當責，從停止抱怨開始：克服被害者心態，才能交出成果、達成目標！	羅傑‧康納斯、湯瑪斯‧史密斯、克雷格‧希克曼	380
QB1108X	增強你的意志力：教你實現目標、抗拒誘惑的成功心理學	羅伊‧鮑梅斯特、約翰‧堤爾尼	380
QB1109	Big Data大數據的獲利模式：圖解‧案例‧策略‧實戰	城田真琴	360
QB1110X	華頓商學院教你看懂財報，做出正確決策	理查‧蘭柏特	360
QB1111C	V型復甦的經營：只用二年，徹底改造一家公司！	三枝匡	500
QB1112X	如何衡量萬事萬物（經典紀念版）：做好量化決策、分析的有效方法	道格拉斯‧哈伯德	500
QB1114X	永不放棄：我如何打造麥當勞王國（經典紀念版）	雷‧克洛克、羅伯特‧安德森	380
QB1117X	改變世界的九大演算法：讓今日電腦無所不能的最強概念（暢銷經典版）	約翰‧麥考米克	380

書　號	書　　名	作　　者	定價
QB1120X	Peopleware：腦力密集產業的人才管理之道（經典紀念版）	湯姆・狄馬克、提摩西・李斯特	460
QB1121	創意，從無到有（中英對照×創意插圖）	楊傑美	280
QB1123	從自己做起，我就是力量：善用「當責」新哲學，重新定義你的生活態度	羅傑・康納斯、湯姆・史密斯	280
QB1124	人工智慧的未來：揭露人類思維的奧祕	雷・庫茲威爾	500
QB1125	超高齡社會的消費行為學：掌握中高齡族群心理，洞察銀髮市場新趨勢	村田裕之	360
QB1126X	【戴明管理經典】轉危為安：管理十四要點的實踐（修訂版）	愛德華・戴明	750
QB1127	【戴明管理經典】新經濟學：產、官、學一體適用，回歸人性的經營哲學	愛德華・戴明	450
QB1129	系統思考：克服盲點、面對複雜性、見樹又見林的整體思考	唐內拉・梅多斯	450
QB1132	本田宗一郎自傳：奔馳的夢想，我的夢想	本田宗一郎	350
QB1133	BCG頂尖人才培育術：外商顧問公司讓人才發揮潛力、持續成長的祕密	木村亮示、木山聰	360
QB1134	馬自達Mazda技術魂：駕馭的感動，奔馳的祕密	宮本喜一	380
QB1135	僕人的領導思維：建立關係、堅持理念、與人性關懷的藝術	麥克斯・帝普雷	300
QB1136	建立當責文化：從思考、行動到成果，激發員工主動改變的領導流程	羅傑・康納斯、湯姆・史密斯	380
QB1137	黑天鵝經營學：顛覆常識，破解商業世界的異常成功個案	井上達彥	420
QB1138	超好賣的文案銷售術：洞悉消費心理，業務行銷、社群小編、網路寫手必備的銷售寫作指南	安迪・麥斯蘭	320
QB1139X	我懂了！專案管理（暢銷紀念版）	約瑟夫・希格尼	400
QB1140	策略選擇：掌握解決問題的過程，面對複雜多變的挑戰	馬丁・瑞夫斯、納特・漢拿斯、詹美賈亞・辛哈	480
QB1141X	說話的本質：好好傾聽、用心說話，話術只是技巧，內涵才能打動人	堀紘一	340
QB1143	比賽，從心開始：如何建立自信、發揮潛力，學習任何技能的經典方法	提摩西・高威	330
QB1144	智慧工廠：迎戰資訊科技變革，工廠管理的轉型策略	清威人	420

經濟新潮社 　　　　　〈經營管理系列〉

書　號	書　　　名	作　　者	定價
QB1145	你的大腦決定你是誰：從腦科學、行為經濟學、心理學，了解影響與說服他人的關鍵因素	塔莉‧沙羅特	380
QB1146	如何成為有錢人：富裕人生的心靈智慧	和田裕美	320
QB1147	用數字做決策的思考術：從選擇伴侶到解讀財報，會跑 Excel，也要學會用數據分析做更好的決定	GLOBIS商學院著、鈴木健一執筆	450
QB1148	向上管理‧向下管理：埋頭苦幹沒人理，出人頭地有策略，承上啟下、左右逢源的職場聖典	蘿貝塔‧勤斯基‧瑪圖森	380
QB1149	企業改造（修訂版）：組織轉型的管理解謎，改革現場的教戰手冊	三枝匡	550
QB1150	自律就是自由：輕鬆取巧純屬謊言，唯有紀律才是王道	喬可‧威林克	380
QB1151	高績效教練：有效帶人、激發潛力的教練原理與實務（25週年紀念增訂版）	約翰‧惠特默爵士	480
QB1152	科技選擇：如何善用新科技提升人類，而不是淘汰人類？	費維克‧華德瓦、亞歷克斯‧沙基佛	380
QB1153	自駕車革命：改變人類生活、顛覆社會樣貌的科技創新	霍德‧利普森、梅爾芭‧柯曼	480
QB1154	U型理論精要：從「我」到「我們」的系統思考，個人修練、組織轉型的學習之旅	奧圖‧夏默	450
QB1155	議題思考：用單純的心面對複雜問題，交出有價值的成果，看穿表象、找到本質的知識生產術	安宅和人	360
QB1156	豐田物語：最強的經營，就是培育出「自己思考、自己行動」的人才	野地秩嘉	480
QB1157	他人的力量：如何尋求受益一生的人際關係	亨利‧克勞德	360
QB1158	2062：人工智慧創造的世界	托比‧沃爾許	400
QB1159X	機率思考的策略論：從機率的觀點，充分發揮「數學行銷」的力量	森岡毅、今西聖貴	550
QB1160X	領導者的七種原型：克服弱點、強化優點，重新認識自己，跨越領導力鴻溝！	洛麗‧達絲卡	380
QB1161	右腦思考：善用直覺、觀察、感受，超越邏輯的高效工作法	內田和成	360
QB1162	圖解智慧工廠：IoT、AI、RPA如何改變製造業	松林光男審閱、川上正伸、新堀克美、竹內芳久編著	420
QB1164	創意思考的日常練習：活用右腦直覺，重視感受與觀察，成為生活上的新工作力！	內田和成	360

書　號	書　　　　名	作　　者	定價
QB1165	高說服力的文案寫作心法：為什麼你的文案沒有效？教你潛入顧客內心世界，寫出真正能銷售的必勝文案！	安迪・麥斯蘭	450
QB1166	精實服務：將精實原則延伸到消費端，全面消除浪費，創造獲利（經典紀念版）	詹姆斯・沃馬克、丹尼爾・瓊斯	450
QB1167	助人改變：持續成長、築夢踏實的同理心教練法	理查・博雅吉斯、梅爾文・史密斯、艾倫・凡伍思坦	380
QB1168	刪到只剩二十字：用一個強而有力的訊息打動對方，寫文案和說話都用得到的高概念溝通術	利普舒茲信元夏代	360
QB1169	完全圖解物聯網：實戰・案例・獲利模式　從技術到商機、從感測器到系統建構的數位轉型指南	八子知礼編著；杉山恒司等合著	450
QB1170	統計的藝術：如何從數據中了解事實，掌握世界	大衛・史匹格哈特	580
QB1171	解決問題：克服困境、突破關卡的思考法和工作術	高田貴久、岩澤智之	450
QB1172	Metadata後設資料：精準搜尋、一找就中，數據就是資產！教你活用「描述資料的資料」，加強資訊的連結和透通	傑福瑞・彭蒙藍茲	420
QB1173	銷售洗腦：「謝了！我只是看看」當顧客這麼說，你要怎麼辦？輕鬆帶著顧客順利成交的業務魔法	哈利・佛里曼	380
QB1174	提問的設計：運用引導學，找出對的課題，開啟有意義的對話	安齋勇樹、塩瀨隆之	480
QB1175	時基競爭：快商務如何重塑全球市場	喬治・史托克、湯瑪斯・郝特	480
QB1176	決戰庫存：連結客戶與供應商，一本談供應鏈管理的小說	程曉華	480
QB1177X	內省的技術（新版）：勇敢了解自我、願意真心傾聽，培養主動學習的能力，讓自己和組織更強大！	熊平美香	480
QB1178	打造敏捷企業：在多變的時代，徹底提升組織和個人效能的敏捷管理法	戴瑞・里格比、莎拉・艾柯、史帝夫・貝瑞茲	520
QB1179	鑽石心態：運動心理學教你打造強健的心理素質，跨越比賽與人生的難關	麥特・費茲傑羅	480
QB1180	圖解豐田生產方式（暢銷紀念版）	豐田生產方式研究會	350

國家圖書館出版品預行編目（CIP）資料

了解總體經濟的第一本書：想要看懂全球經濟變化，你必
須懂這些（經典紀念版）／大衛‧莫斯（David A. Moss）
著；高翠霜譯. ── 三版. ── 臺北市：經濟新潮社出版：
英屬蓋曼群島商家庭傳媒股份有限公司城邦分公司發行，
2023.06
　　面；　公分. ──（經濟趨勢；68）
　　譯自：A concise guide to macroeconomics: what managers,
executives, and students need to know
　　ISBN　978-626-7195-31-4（平裝）

　1. CST: 總體經濟學　2. CST: 經濟政策　3. CST: 經濟發展
550　　　　　　　　　　　　　　　　　　　112007447